Schaumburger Land

Hansjörg Küster/Manfred Würffel/Toma Babovic

Schaumburger Land

Kulturlandschaft Schaumburg Band 12
Herausgegeben von der Schaumburger Landschaft

Ellert & Richter Verlag

Hansjörg Küster,
geb. 1956 in Frankfurt/Main, studierte Biologie an der Universität Stuttgart-Hohenheim. Nach langjähriger Tätigkeit am Institut für Vor- und Frühgeschichte der Universität München und Habilitation an der Forstwissenschaftlichen Fakultät der Universität München seit 1998 Professor für Pflanzenökologie am Institut für Geobotanik der Universität Hannover. Im Nebenamt ehrenamtlicher Präsident des Niedersächsischen Heimatbundes.

Manfred Würffel,
Jahrgang 1957, studierte Kunst und Volkskunde und arbeitet seit vielen Jahren im Kulturbereich des Schaumburger Landes. Als Redakteur der „Kleinen Schaumburger Landeskunde" und des „Naturpfades Schaumburg" ist er mit den Sehenswürdigkeiten der Region bestens vertraut.

Toma Babovic,
geb. 1953 in Verden/Aller, studierte Architektur und Grafik-Design an der Akademie für Künste in Bremen. Seit 1989 freischaffender Fotodesigner in der Hansestadt. Er arbeitet u. a. für „stern", SAISON und „Merian". Im Ellert & Richter Verlag erschienen seine Bildreisen „Auf den Spuren von Martin Luther", „Auf den Spuren von Ernst Barlach", „Auf den Spuren von Wilhelm Busch", „Goethe in Weimar", „Auf Schinkels Spuren", „Auf Paula Modersohn-Beckers Spuren", „Schönes Bremen", „Franken", „Potsdam" und „Thüringen" sowie die Titel „Ins Land der Franken fahren …", „Leipzig", „Berlin – Stadt zwischen Vergangenheit und Zukunft" und „Dresden".

Titelabbildung:
Hoch thront die Schaumburg über dem Tal der Weser.

Bibliographische Information der Deutschen Bibliothek
Die Deutsche Bibliothek verzeichnet diese Publikation in der Deutschen Nationalbibliographie; detaillierte bibliographische Daten sind im Internet über http://dnb.ddb.de abrufbar.

ISBN-10 3-8319-0236-4
ISBN-13 978-3-8319-0236-1

© Ellert & Richter Verlag GmbH, Hamburg 2006

Bildnachweis:
alle Fotos Toma Babovic, Bremen
außer:
Schaumburger Landschaft, Bückeburg: S. 98 Mitte (Foto: Rolf Fischer), 99 oben (Foto: Tobias Landmann), 101 oben, 102 links, 102 Mitte, 103 oben (Foto: Michael Reisch), 103 Mitte

Text: Hansjörg Küster, Hannover
und Manfred Würffel, Niederwöhren
Fotos: Toma Babovic, Bremen
Gestaltung: Büro Brückner + Partner, Bremen
Karte S. 104: © Landkreis Schaumburg
Lithographie: Griebel-Repro, Hamburg
Druck: Girzig + Gottschalk, Bremen
Bindung: S. R. Büge GmbH, Celle

Neuere Literatur über die Schaumburger Landschaft, in der man weitere Informationen finden kann

Bei der Wieden, Helge: Schaumburg. Ein kleines Land in seiner geschichtlichen Entwicklung. 3. Auflage, Bückeburg 2003

Brandt, Thomas, Dirk Herrmann, Bernhard Volmer und Thomas Beuster: Naturerlebnis Steinhuder Meer. Ein Reise- und Freizeitführer. Hannover 2002

Brandt, Thomas, Lars Büttner und Hansjörg Küster: Naturpfad Schaumburg. Landschaft und Natur entdecken. Springe 2005

Brosius, Dieter: Historisch-Landeskundliche Exkursionskarte von Niedersachsen Maßstab 1:50000. Blatt Stadthagen. Hildesheim 1985

Gemeinde Wiedensahl (Hrsg.): Wiedensahl. Geschichte und Geschichten. Ein Lesebuch. Minden 2003

Küster, Hansjörg und Wolfgang Volz: Natur wird Landschaft. Niedersachsen. Springe 2005

Landkreis Schaumburg (Hrsg.): 25 Jahre Landkreis Schaumburg. Entwicklung und Perspektiven. Stadthagen 2002

Larsson, Lars Olof: Adrian de Vries in Schaumburg. Die Werke für Fürst Ernst zu Holstein-Schaumburg 1613–1621. Stuttgart 1998

Lücking, Wolf und Jürgen Sturma: Trachten im Schaumburger Land. Münster, New York, München, Berlin 2002

Miehe, Brunhilde: Der Tracht treu geblieben Band 4. Studien zum regionalen Kleidungsverhalten im Schaumburger Land. Kirchheim-Gershausen 2005

Schaumburger Landschaft (Hrsg.): Kulturpfad Schaumburg. Ein Reiseführer durch das Schaumburger Land. Bückeburg/Hannover 2000

Schaumburger Landschaft (Hrsg.): Schaumburger Land. Eine kleine Landeskunde. 2. Auflage, Bückeburg 2006

Tschechne, Martin und Toma Babovic: Auf den Spuren von Wilhelm Busch. Hamburg 2005

Tüxen, Reinhold: Unser Buchenwald im Jahreslauf. Karlsruhe 1986

Wagener-Fimpel, Silke und Martin Fimpel: Die Festung Wilhelmstein im Steinhuder Meer. Bückeburg 2003

Widmer, Petra: Gärten im Weserbergland. Eine Reise zu Parks und Gärten entlang der Weser. Holzminden 2004

Wulf, Friedrich-Wilhelm: Zur Inventarisierung archäologischer Baudenkmale im Landkreis Schaumburg. Schaumburg-Lippische Mitteilungen 28, Bückeburg 1988, 19–34

Inhalt

6   Die Schaumburg und das Schaumburger Land

18   Steine, Eis, Pflanzen, Menschen: Wie das Land geformt wurde

32   Das Tiefland um das Steinhuder Meer und die Rehburger Berge

48   Stadthagen und die Börde

60   Rings um Bückeburg und das Auetal

82   Rinteln und das Wesertal

96   Sehenswertes im Schaumburger Land

104   Karte

Das Schaumburger Land ist besonders vielfältig. Es gibt dort Berge, Hügel und Ebenen, ausgedehnte Wälder und beinahe waldfreie Ebenen. Der Landkreis Schaumburg wurde 1977 aus dem Kreis Schaumburg-Lippe und der Grafschaft Schaumburg zusammengefügt. Dieses Gebiet hat jedoch eine viel längere gemeinsame Geschichte – und diese prägt auch Orte außerhalb des modernen Landkreises. Ebenso unterschiedlich wie die Landschaften sind die drei besonders bekannten Städte im Schaumburger Land: Bückeburg, die wichtigste Residenzstadt der Schaumburger, die heutige Kreisstadt Stadthagen und die ehemalige Universitätsstadt Rinteln.

Ein Landkreis braucht als Verwaltungseinheit klar festgelegte Grenzen, der Mensch aber, der sich im Raum orientieren will, sieht „seine" Landschaften viel weniger strikt. Um dies deutlich zu machen, muss man sich vor Augen halten, was eine Landschaft im ursprünglichen Sinne ist: nämlich das, was ein Maler in seiner Umwelt erkennt und auf eine Leinwand bannt. Dieses Land-

Das zwischen Süntel und Bückeberg gelegene Auetal mit seiner sanft zum Wald hin ansteigenden Hügellandschaft gehört – trotz der hindurchführenden Autobahn – zu den ländlich-ruhigen Gegenden des Schaumburger Landes.

schaftsbild entspricht dem Blick eines Betrachters, und die dabei erkennbaren Grenzen sind allenfalls die undeutlichen Horizontlinien.

In diesem Sinne lässt sich die Schaumburger Landschaft viel besser beschreiben: Sie ist das Land, das man von drei Aussichtspunkten aus überblicken kann, von der Schaumburg, vom „Jahrtausendblick" im Wesergebirge und vom „Steinhuder Meerblick" aus, an der Straße von Hagenburg nach Rehburg.

Der bekannteste dieser Punkte ist sicher die Schaumburg, die dem ganzen Gebiet um Bückeburg, Stadthagen und Rinteln ihren Namen gegeben hat. Ihr Name ist wohl aus der älteren Bezeichnung „Schauenburg" hervorgegangen und überaus zutreffend für die aus dem Mittelalter stammende Burg. Sie liegt hoch über dem Tal der Weser, die sich mit zahlreichen Schlingen durch das Land windet, am Hang des Wesergebirges. Von ihr aus blickt man weit über das Wesertal um Rinteln, auf das Weserbergland und den Süntel sowie das Lippische Hügelland südlich der Weser.

Den „Jahrtausendblick" kann man erst seit wenigen Jahren genießen. Zur Weltausstellung Expo 2000 wurde eine Aussichtsplattform am nördlichen Abhang des Wesergebirges bei Steinbergen errichtet. Zu ihr gelangt man auf steilen Waldwegen und über eine lange Treppe. Von dort aus blickt man ins Auetal zwischen den Höhenzügen von Weserbergland, Harrl, Bückeberg, Deister und Ith. Zwischen den Hügeln

schweift der Blick weit in das Tiefland Norddeutschlands hinein.

Vom „Steinhuder Meerblick" aus, dem dritten Aussichtspunkt, erkennt man nicht nur das Steinhuder Meer, sondern auch die Hänge der Rehburger Berge und deren Umgebung.

Man kann das Schaumburger Land auch „Mitteleuropa im Kleinen" nennen. Manche Geografen beschreiben nämlich dasjenige Land als Mitteleuropa, in dem es eine Gliederung in Meer – Tiefland – Börde – Mittelgebirge – Hochgebirge gibt. Tiefland, Börde und Mittelgebirge gibt es im Schaumburger Land ohne jeden Zweifel. Das Steinhuder Meer ist zwar kein richtiges „Meer", aber doch eine große Wasserfläche, die manche Charakteristika der See aufweist. Und im Süden des Schaumburger Landes gibt es schroffe und steil aufragende Felsen, vor allem am Hohenstein im Süntel. Diese Felsen haben manche Eigenheiten der Hochgebirge. Im Schaumburger Land ist tatsächlich fast alles vorhanden, was Mitteleuropa auszeichnet!

Damit soll keineswegs gesagt werden, dass im Schaumburger Land alles ganz „normal", eben typisch mitteleuropäisch ist. Vielmehr zeigt sich, dass es kaum eine vielfältigere Gegend gibt, in der man so rasch von der Ebene ins Bergland, von einem großen See –

Die alte Dorfstraße in Wilhelm Buschs Heimatort Wiedensahl hat sich fein herausgeputzt. Stolz zeigen die ehemaligen Bauernhäuser ihre typischen Rundwalme, die auch „Schaumburger Mützen" genannt werden.

immerhin dem größten in Niedersachsen – zu einem wichtigen Fluss, der Weser, gelangen kann. All dies lässt sich kaum an einem Tag erfassen: Man braucht mehr Zeit, um die Vielseitigkeit des Schaumburger Landes ausgiebig zu erkunden.

Nimmt man sich die Zeit, lernt man viel über Mitteleuropa. Nicht nur die Felsen am Abhang des Wesertales erinnern an südlicher gelegene Landschaften, sondern auch die Pflanzen, die darauf wachsen: Blaugras und Brillenschötchen findet man ansonsten nur in den Alpen und anderen hohen Gebirgen. Bei Obernkirchen und Rinteln wachsen unzählige Obstbäume an den Berghängen – wie am Kaiserstuhl oder in anderen Obstbaugebieten Süddeutschlands.

Im Eiszeitalter schoben sich von Norden her Gletscher bis an den Rand der Mittelgebirge, und so auch ins Schaumburger Land. Findlinge aus skandinavischem Gestein legen davon Zeugnis ab. Am Steinhuder Meer weht ein beständiger Wind wie an der Nordsee und am Atlantik, und an seinen Ufern gibt es herrliche Sandstrände – ebenso wie am „richtigen" Meer weiter im Norden oder Westen. Die mancherorts wachsenden Kiefern, vor allem aber die großen Weizenfelder der Börde erinnern an die weiten Ebenen im Osten Europas.

Die Gegensätze zwischen dem Tiefland im Norden und dem Hügelland im Süden könnten größer nicht sein. Sie fallen jedem, der das Schaumburger Land bereist, sofort auf. Allerdings sind die meisten Menschen, die durch die Gegend kommen, von West nach Ost (oder umgekehrt) unterwegs. An der Grenze zwischen Tief- und Hügelland liegen seit Jahrtausenden wichtige Trassen für den Verkehr: alte Wege und Straßen, Schienen sowie der Mittellandkanal. Wer auf diesen unterwegs ist, kann die Besonderheiten des Schaumburger Landes jedoch auch klar erfassen. Im westlich angrenzenden Westfalen, das bei Minden über die Mittelgebirgsschwelle hinaus nach Norden reicht, sind die Ziegel der Häuser häufig dunkler – wie auch in Belgien und anderen Gegenden Westeuropas. Viele Bauernhäuser dort haben verbretterte Giebel aus gerade gewachsenem Nadelholz. Schaumburger Bauernhäuser und Scheunen dagegen sind stets Fachwerkbauten aus Eichenholz. Weit verbreitet

Das Grenzdorf Frille hat viel von seinem alten Charme bewahrt. Wer genau hinschaut, findet noch Hinweise auf die ehemalige Landesgrenze, die einst den Ort und sogar einzelne Höfe und Häuser teilte.

sind die charakteristischen „Schaumburger Mützen", gebogene Vorbauten der Bauernhäuser, die früher einmal mit Reet oder Stroh, heute aber meist mit Ziegeln gedeckt sind. Wenn man eine solche Schaumburger Mütze bauen wollte, kam es nicht so sehr darauf an, dass alle Bohlen aus gerade gewachsenen Baumstämmen hergestellt wurden. Kleine Unregelmäßigkeiten ließen sich durch die Dachbedeckung ausgleichen, ebenso wie in den Gefachen zwischen den Hölzern der Fachwerkbauten: mit Ziegeln und Mörtel, besser noch mit Flechtwerk und Lehm. Jeder Zwischenraum zwischen den Bohlen wurde bestmöglich abgedichtet, so dass kein Windzug hindurch strich. Die Zie-

gelsteine und Dachziegel Schaumburger Häuser sind leuchtend rot. Sie fallen genauso auf wie die Schaumburger Mützen. Eine allgemein akzeptierte Erklärung für diese Eigentümlichkeit im Hausbau hat man allerdings noch nicht gefunden. Viele meinen, man habe die Ausbuchtungen der Dächer deshalb gebraucht, weil man dadurch mehr Vorräte auf dem Dachboden unterbringen konnte. Östlich vom Schaumburger Land sind wieder andere Bauernhäuser zu finden. Dort bestehen auch die Giebel aus Fachwerk.

Westlich vom Schaumburger Land sind Einzelhofsiedlungen weit verbreitet. Im Osten dagegen finden sich die für die Region typischen großen Haufendörfer, von denen die meisten in den letzten Jahrzehnten zu Wohn- und Gewerbesiedlungen am Rand der Großstadt Hannover wurden. Haufendörfer liegen auch im Schaumburger Land, vor allem im östlichen Teil. Lindhorst ist ein gutes Beispiel dafür. Darüber hinaus gibt es noch weitere sehr charakteristische Siedlungen im Schaumburger Land, die in nur wenigen anderen Gegenden ebenfalls zu finden sind: die

so genannten Hagenhufensiedlungen. In solchen Siedlungen liegt entlang einer Straße Bauernhof neben Bauernhof. Jeder Landwirt bewirtschaftete einen Streifen mit Äckern und Grünland vor und hinter seinem Anwesen. So ein Streifen, eine Hagenhufe, konnte sehr lang sein.

Viele Kirchen, städtische Gebäude, Klöster und Schlösser im Schaumburger Land sind keine Holz- oder Fachwerkbauten, sondern aus Stein gebaut.

Aus der Luft ist die typische Struktur der Hagenhufendörfer des Schaumburger Landes deutlich erkennbar. An der parallel zum Bachlauf angelegten Straße sind die Höfe aufgereiht, die zum Bach hin ihre Gärten und das Grünland haben und auf der anderen Straßenseite die langgestreckten Feldstreifen.

Diese Gegend war und ist nämlich „steinreich": Der auf dem Bückeberg abgebaute Obernkirchener Sandstein ist einer der besten Bausteine weit und breit.

Die hier erwähnten Grenzen stimmen nicht ganz mit den Verwaltungsgrenzen überein. Denn auch etwas außerhalb des Schaumburger Landes kann man Schaumburger Mützen finden. Und auch an einzelnen Bauernhäusern im Bückeburger Raum findet sich die Verbretterung des Giebels. Hagenhufensiedlungen gibt es auch nördlich von Hannover oder an der Ostseeküste. Von Natur aus zu ziehende Grenzen sind ebenso wenig starr und bindend wie kulturgeschichtliche Übergänge, genau fixiert sind nur Verwaltungsgrenzen.

Doch Menschen, die in einem bestimmten Gebiet leben, haben immer wieder versucht, sich gegeneinander abzugrenzen – durch Eigenheiten der Sprache, durch bestimmte Sitten oder allein schon dadurch, dass sie sich zu unterschiedlichen Zeiten zum Essen trafen. Wer andere Sitten hatte, den konnte man nicht heiraten, so heißt es in vielen Gegenden. Man hielt an alten Sitten fest und bestimmte so im Lauf der Zeit seine eigene Identität. Im Schaumburger Land tat man dies in besonderer Weise: durch das Tragen von weithin bekannten Trachten. Es gibt nur wenige Gebiete in Mitteleuropa, die für ihre besondere Kleidung so berühmt sind wie das Schaumburger Land. Vergleich-

Am alten Gut Stau in der Nähe von Fischbeck säumen Kopfweiden die Wiesen – ein typisches Bild in der feuchten Weseraue.

bar sind Trachten aus der Schwalm, aus dem Gebiet der Sorben oder aus dem Schwarzwald. Die Schaumburger Tracht wurde vor Jahren sogar auf einer Briefmarke abgebildet. Charakteristisch für diese sind unter anderem die roten Röcke, die weiten Halskrausen und die verschiedenen Hauben, durch die sich die Trachten in einzelnen Teilgebieten des Schaumburger Landes unterscheiden. Am auffälligsten ist die Tracht, die zur Bückeburger (oder Westerten) Tracht gehört: Die Haube wird rechts und links von Schleifen eingefasst. In Lindhorst, im Gebiet der Österten Tracht, gehört eine hoch aufragende Mütze zur Kleidung der Frauen. Vor allem an den Hauben ist es zu erkennen: Die Menschen wollten sich sogar innerhalb des Schaumburger Landes voneinander abgrenzen. Jeder sollte bereits aus der Ferne erkennen, wen er auf der Landstraße oder auf dem Marktplatz traf: War es eine Bückeburgerin oder eine Lindhorsterin? Doch die roten Röcke, die viele Frauen trugen, fielen überall auf. Die Schaumburger bezeichnete man daher als „Rotröcke".

Das Schaumburger Land ist eigentlich ein Land für sich. Es kann auf eine eigene Identität und Geschichte verweisen. Noch heute spielt der Fürst eine wichtige Rolle. Tagestouristen aus Hannover und Westfalen können hier ebenso viel entdecken wie Reisende, die für eine längere Zeit im Schaumburger Land bleiben: am Steinhuder Meer, in den Kurorten Bad Nenndorf oder Bad Eil-

sen, in den Städten, in den Dörfern, hoch über der Weser oder mit Weitblick über das Norddeutsche Tiefland. Für welchen dieser Orte man sich auch entscheidet: Stets sollte man bedenken, dass es auch in der Umgebung Vielfältiges zu entdecken gibt. Schließlich befindet man sich in einem Land, das man „Mitteleuropa im Kleinen" nennen kann!

Im späten Frühjahr breiten sich die gelben Teppiche der Rapsfelder in der hügeligen Landschaft des Auetales aus.

Der mit etwa 30 Quadrat-kilometern größte Binnen-see Nordwestdeutschlands zeigt sich im Laufe der Tageszeiten und auch im Wechsel der Jahreszeiten erstaunlich wandlungsfähig. Mal liegt er friedlich, still und malerisch unter einem weiten Himmel, mal hängen die Wolken tief herab und windgepeitschte Wellen schlagen an die Ufer. Dann scheint der Name „Meer" für das Steinhuder Meer besser zu passen. Es liegt nicht daran, dass die Stein-huder zur Übertreibung nei-gen und ihren Haussee des-halb zum Ozean machten, sondern der Name leitet sich sprachlich aus dem Nieder-deutschen ab. Dort heißen die Seen „Meere" und das echte Meer wird „die See" genannt.

Die beiden Obstbäume am Weg nach Remeringhausen stehen auf der Bodenschwelle vor den Mittelgebirgen. Hier hat der Wind nach der letzten Eiszeit besonders viel feinen Löss abgelagert. Der Boden, der daraus entstand, bot beste Voraussetzungen für den Ackerbau. Im Hintergrund sieht man den Mittelgebirgsrand, der sich nicht nur durch das Schaumburger Land, sondern durch ganz Europa zieht.

Auf ihrem Weg durch das Schaumburger Land hat die Weser nur ein geringes Gefälle. Deshalb lagerte sich hier im Laufe tausender Jahre viel Lehm ab. Vom Tal der Oberweser bis nach Bremen hat der Fluss über die anfangs öde Landschaft der Nacheiszeit eine Lehmdecke gebreitet, die das Land fruchtbar gemacht hat. Die ersten Menschen in der Gegend siedelten wahrscheinlich im Wesertal, allerdings nicht direkt am Fluss. Die feuchte Weseraue war damals viel stärker von Hochwassern bedroht. Bis ins 20. Jahrhundert gab es hier fast nur Weidewirtschaft. Heute lassen Hochwasserschutz- und Entwässerungsmaßnahmen an vielen Stellen auch Ackerbau zu.

Wesergebirge und Süntel fallen an ihren Südhängen an vielen Stellen steil ab. Vom Kammweg aus hat man immer wieder einen freien Blick über schroffe Felskanten hinunter ins Wesertal. Wer genauer hinschaut, findet an diesen Felsen eine einzigartige Vegetation: Ruprechtsfarn und Blaugras, Weißen Mauerpfeffer und die Kleine Felskresse, außerdem Arten, die sonst nur viel weiter südlich vorkommen, wie z. B. das Brillenschötchen. Die Felswände bieten Brutplätze für Uhus und Wanderfalken. Der Blick ins Tal hat noch einen anderen Reiz: Unten winkt das Gasthaus „Pappmühle". Der Weg dorthin führt nur noch bergab und im Kaffeegarten kann man die Kammwanderung ausklingen lassen.

Die geologische Geschichte des Schaumburger Landes lief in schier unendlich langen Zeiträumen ab. Die Gesteinsmassen an der Erdoberfläche waren stets in Bewegung. Gesteinsschichten wurden übereinander geschoben, so dass sich die Erdoberfläche an einem Ort wölbte, anderswo senkte. Die Oberfläche der Aufwölbungen wurde abgetragen, in den Senken sammelten sich Ablagerungen an. Kalk setzte sich in flachen Meeren ab. Kohle entstand aus Torf, der sich in Sümpfen bildete, in denen pflanzliche Substanz wegen der dauernden Feuchtigkeit und des damit zusammenhängenden Sauerstoffmangels nicht zersetzt wurde. Salz blieb in Senken zurück, nachdem das Wasser eines flachen Meeres in der heißen Sonne verdampft war.

Im Süden des Schaumburger Landes wurden die Gesteine, die sich in den Senken gebildet hatten, später angehoben, so dass Gebirge und Hügelzüge entstanden. Dabei wurden einzelne Gesteinsschollen gekippt, wodurch ihre Flanken an die Erdoberfläche gelangten. So kam es, dass im Schaumburger Land Millionen Jahre alte Ablagerungen, die wir heute als Rohstoffe nutzen, wieder an die Erdoberfläche gelangten und dort sogar besonders leicht zugänglich wurden. In vielen Steinbrüchen und Bergwerken wurden Bodenschätze abgebaut. Das Schaumburger Land ist daher nicht nur ein Agrarland, sondern auch ein Land der Rohstoffgewinnung und der Industrie.

In den vergangenen zwei Jahrmillionen kam es zu extremen Klimaschwankungen. Mehrmals ging die Temperatur derart stark zurück, dass sich über weiten Teilen der Erde gigantische Gletschermassen bildeten. Von den skandinavischen Gebirgen aus reichten sie bis an den Rand der Mittelgebirge. Auf solche Eiszeiten folgten Warmzeiten, in denen das Eis schmolz. In jeder Eiszeit

rieben die Gletscher im Norden das Gebirge ab und transportierten vor allem Sand und Ton bis an den nördlichen Rand unserer Mittelgebirge. So entstand ein breiter Streifen Land, unter dem sich nur lose Ablagerungen, aber kein Fels befindet: das Norddeutsche Tiefland.

Im Vorfeld der Gletscher floss eine riesige Menge an Schmelzwasser ab. Nach Norden war der Weg durch das Eis ver-

Entlang des Weserufers bei Ahe führt der „Naturpfad Nr. 5" zu den Aher Kämpen. Hier findet man noch landwirtschaftliche Strukturen, wie sie bis Mitte des letzten Jahrhunderts üblich waren: kleine Weiden und Mähwiesen, umgeben von Hecken, in denen sich zahlreiche Vogelarten wohlfühlen.

sperrt; daher verliefen breite Schmelz-
wasserströme in Richtung Westen, zum
Atlantik. Die Flüsse, die aus dem
Mittelgebirge nach Norden flossen,
wurden nach Westen umgelenkt, so
auch die Weser. Im Winter waren die
Flussbetten nur von Rinnsalen erfüllt.
Sand und Ton, die seitlich davon abgelagert worden waren, fielen trocken.
Die feinen Ablagerungen wurden vom
Wind in Bewegung gesetzt. Der Sand
blieb am Rand der Täler liegen, und der
Wind formte Dünen daraus. Der feine
Ton wurde weiter transportiert und vor
allem am Rand der Mittelgebirge als
Löss abgelagert. So entstand der Börde-
gürtel, der ganz Mitteleuropa von West
nach Ost durchzieht. Löss blieb auch
zwischen den Hügelketten, ja sogar auf
den Bergen liegen, aber von dort wurde
er bald abgespült, so dass das ursprüng-
liche Gestein wieder zu Tage trat.
Nach der letzten Eiszeit bildeten sich
wie in allen anderen Warmzeiten Laub-
wälder, die fast ganz Mitteleuropa über-
zogen. Nur wenige Menschen lebten
damals im Schaumburger Land. Nahrung für jeden Tag fanden sie lediglich
in und an den Gewässern, wo man
fischen und Jagd auf Vögel machen
konnte. Doch dann kam vor etwas
mehr als 7000 Jahren eine Wirtschafts-
weise auf, mit der man viel mehr Menschen ernähren konnte: die Landwirtschaft. Die ersten Wälder wurden
gerodet, aus den Bäumen wurden
Holzhütten errichtet, und auf den Frei-
flächen baute man Getreide an. Haustie-
re wurden in den Wald getrieben, wo sie
Nahrung fanden. Die Gehölze wurden
dabei immer weiter aufgelichtet. Kern-
regionen des Ackerbaus waren von
Anfang an die fruchtbaren Lössgebiete.
Jahrtausendelang wurden die Siedlungen und ihre Ackerfluren immer nur
für ein paar Jahrzehnte angelegt und
später verlagert. Warum das so war,
wissen wir nicht genau. Vielleicht fehlte
Holz zum Bau neuer Häuser, oder die
Kornerträge ließen nach. Über das
Leben der Menschen wurde nichts
Schriftliches aufgezeichnet. Bei archäo-
logischen Ausgrabungen findet man

lediglich Spuren ihrer Häuser, Tontöp-
fe, verkohlte Getreidekörner und Kno-
chenreste. In dieser Zeit der Vorge-
schichte gab es im Schaumburger Land
noch keine Zivilisation, keine Hoch-
kultur, aber dennoch eine erfolgreiche
Landwirtschaft.
Im Mittelalter veränderte sich alles von
Grund auf. Damals wurde im Land eine
stabile Siedlungsstruktur aufgebaut.
Siedlungen blieben an denjenigen
Orten bestehen, an denen sie einmal
gegründet worden waren. Straßen ver-
banden sie. Dörfer und Städte gehörten
zu Herrschaftsbereichen, und in den
neu sich herausbildenden Zentren von
Macht und Kultur wurden Schriftstü-
cke geschaffen: Man zeichnete unter
anderem Chroniken, Verträge und
Gesetze auf. Es entstand ein Abgaben-
system, und man bemühte sich, Menschen zu unterstützen, die an Holz,
Korn oder anderem lebensnotwendi-
gem Gut Mangel litten. Dafür setzte
sich vor allem auch die christliche Kirche ein, die ihren Einflussbereich zur
gleichen Zeit ins Schaumburger Land
ausbreitete wie die staatliche und wirtschaftliche Hoheit. Das Land erhielt im
Mittelalter eine feste Struktur, die bis
heute grundlegend ist.
Die ländlichen Siedlungen überdauer-
ten zum Teil aus früherer Zeit, zum Teil
wurden sie neu gegründet: am besten
am halben Hang der Täler, denn dann
lag oberhalb der Bauernhöfe das Ackerland, unterhalb das Grünland, auf dem
das Vieh weidete und wo man Heu für
die Winterfütterung machen konnte.

Städte und Klöster entstanden an
grundsätzlich anderen Stellen. Weil
dort viele Menschen auf einem Haufen
zusammenlebten, war die Versorgung
mit Wasser besonders wichtig: Städte
und Klöster lagen und liegen daher
direkt an Flüssen oder Bächen. Dort
konnte man auch eine Mühle betreiben.
So war jederzeit Mehl für die eigene
Bevölkerung verfügbar, und überdies
konnte man für die Menschen im
Umland Korn mahlen. Damit – und
auch mit zahlreichen anderen Dienst-
leistungen – wurden Menschen in der
Stadt wohlhabend, obwohl sie selbst
kein Korn anbauten, sieht man einmal
von den so genannten Ackerbürgern ab,
die gemeinsam mit den Handwerkern
und Verwaltungsbeamten in vielen
Städten wohnten. Der Wohlstand der
Städte und Klöster wuchs stärker als
derjenige der ländlichen Siedlungen, so

Nicht zu übersehen in
der flachen Bördelandschaft
des nördlichen Schaumbur-
ger Landes ist die große
Abraumhalde des Kali-
werkes bei Bokeloh. Wenn
man sieht, was oben liegen
bleibt, kann man erahnen,
wie groß die Löcher und
Gänge unter der Erde sind.

dass sie rasch zu Zentren des mittelalterlichen Wirtschafts- und Verwaltungssystems wurden. Von den Klöstern und Städten ausgehend wurde den Bauern im Umland ein Abgabenzwang auferlegt. Dies darf man aber nicht nur negativ sehen, denn ohne die Einforderung des Zehnten von den Untertanen wäre die wirtschaftliche und kulturelle Entwicklung der Städte nicht möglich geworden. Unter dem Zwang, höhere Erträge zu erwirtschaften, wurde das Land immer besser organisiert. Kleinere Siedlungen schlossen sich zu größeren Dörfern zusammen. Ihr Mittelpunkt wurde die Kirche, von der aus die Gemeindemitglieder nicht nur jeden Tag zu festgesetzten Zeiten zum Gebet gerufen wurden; durch den Glockenschlag wurde auch der Tag für alle Menschen strukturiert. Hell blitzte die Wetterfahne von den Kirchtürmen. Verglich der Bauer auf dem Feld die Stellung der Wetterfahne mit der Stellung der Wolken, konnte er die Witterung der nächsten Stunden vorhersagen.

Damit größtmögliche Erträge erzielt wurden, führte man die Dreifelderwirtschaft mit Flurzwang ein. Man teilte rings um die großen Dörfer das Land in drei Felder ein. Jeder Bauer des Dorfes erhielt Ackerland in jedem Feld. Die Äcker waren lang und schmal und lagen derart dicht beieinander, dass es wichtig wurde, alle Äcker in einem Feld mit der gleichen Kulturpflanze zu bestellen: Winter- oder Sommergetreide, im dritten Jahr blieb das ganze Feld brach liegen, so dass Tiere darauf weiden konnten. Bei der Ernte mussten die Bauern ihre Erntewagen auf den bereits geernteten Flächen ihrer Nachbarn abstellen können, denn es gab zwischen den schmalen Ackerstreifen keine Wege. Daher war der Flurzwang so wichtig, der vorschrieb, welche Pflanze auf dem gesamten Feld angebaut wurde. Alle Teile des Feldes mussten zur gleichen Zeit abgeerntet werden können! Einer

der Bauern wurde im so genannten Haufendorf vielleicht durch besonders gutes Wirtschaften mächtig. Er organisierte den Flurzwang und die Weiterleitung der Abgaben an die Oberhoheit. Einige der mächtigen Bauern stiegen in den Adelsstand auf und lebten später in kleinen Schlössern oder Burgen.

Im Schaumburger Land ging man vielerorts nicht diesen, sondern einen anderen Weg bei der Neueinteilung der Siedlungen und ihrer Fluren. In den bereits erwähnten Hagenhufensiedlungen gab es keine Dreifelderwirtschaft und keinen Flurzwang. Jeder Bauer bewirtschaftete das Land vor und hinter seinem Gehöft. Natürlich musste auch er den optimalen Ertrag erwirtschaften und Abgaben leisten. Aber in seinen wirtschaftlichen Entscheidungen war er freier als der Bauer im großen Haufendorf. In den Hagenhufensiedlungen entwickelte sich kein Adel – man erkennt das daran, dass es in den meisten dieser Orte keine Schlösser gibt.

Alle diese wahrhaft revolutionären Entwicklungen waren in vollem Gange, als nach und nach die ersten Schriftzeugnisse verfasst wurden, die von der Existenz der Klöster, Dörfer und Städte im Schaumburger Land berichten. Viele von ihnen dienen als Beleg für das Alter der Siedlungen, sagen aber nicht unbedingt etwas über den Zeitpunkt ihrer Gründung aus. Man kann den Urkunden lediglich entnehmen, dass eine Siedlung zu einem bestimmten Zeitpunkt bereits bestand.

Die älteste Schriftquelle, in der von den Schaumburger Grafen berichtet wird, stammt vom Beginn des 12. Jahrhunderts. Graf Adolf I., der von 1106 bis 1130 regierte, wurde mit dem Amt des Grafen von Holstein belehnt. In den folgenden Jahrhunderten besaßen die Schaumburger Grafen viel mehr Macht und Einfluss in Holstein als in ihrem kleinen Kernland. Das Nesselblatt, ihr Wappen, ziert noch heute das Staatswappen des Bundeslandes Schleswig-Holstein. Immer wieder machten die Dänen den Schaumburger Grafen ihren Besitz streitig, doch immer wieder setzten sich die Schaumburger in Holstein durch.

Das Geschlecht der Schaumburger Grafen starb 1640 aus, mitten in der Notzeit des Dreißigjährigen Krieges (1618–1648). Verschiedene Herrscherhäuser meldeten nun Ansprüche auf das Schaumburger Land an, darunter die

Als hätten sie sich versammelt, um über alte Zeiten in den skandinavischen Granitgebirgen zu plaudern – eiszeitliche Findlinge in einem Waldstück bei Wiedensahl.

Welfen und die Landgrafen von Hessen-Kassel, die nach der Hildesheimer Stiftsfehde (1519–1523), einer Auseinandersetzung der Reformationszeit, an Einfluss in Schaumburg gewonnen hatten. Das Schaumburger Land wurde schließlich geteilt. Dies wurde übrigens als eine besondere Bestimmung im Westfälischen Frieden von 1648 erwähnt. Der Südostteil wurde zur Hessischen Grafschaft Schaumburg, deren Verwaltungssitz 1650 Rinteln wurde. Der Nordwesten des Landes ging an die Grafen von Lippe und hieß fortan Grafschaft Schaumburg-Lippe. Residenzstadt dieser Grafschaft war das auch schon vorher bedeutende Bückeburg. In der Folgezeit nahmen die beiden Grafschaften eine unterschiedliche Entwicklung.

Im Land Schaumburg-Lippe lagen besonders viele Hagenhufensiedlungen. Nur an wenigen Orten war ein Landadel entstanden. Weil der Graf von Schaumburg-Lippe gute Einkünfte hatte, unter anderem aus dem Bergbau, wurde Bückeburg auch weiterhin zu einer zwar kleinen, aber doch überraschend prächtigen Residenz ausgebaut. Graf Philipp (1647–1681) konnte einen schuldenfreien absolutistischen Staat aufbauen. Seine Nachfolger setzten das Aufbauwerk fort. Einer von ihnen, Graf Wilhelm, erbaute die Festung Wilhelmstein im Steinhuder Meer, eine damals sehr moderne Anlage. Graf Wilhelm holte den Philosophen Johann Gottfried Herder und den Komponisten Johann Friedrich Christoph Bach an seinen Hof. 1762 verteidigte er im englischen Auftrag erfolgreich Portugal gegen Spanien. Dafür sind die Portugiesen den Schaumburgern bis heute dankbar. Auf Graf Wilhelm folgte sein Neffe Philipp Ernst als Regent. Nach dessen Tod übernahm seine Frau Juliane die Regierungsgeschäfte. Ihr gelang es, das Land erfolgreich gegen einen hessischen Angriff zu verteidigen. Zur Finanzierung ihres Hofstaates benötigte Juliane anschließend viel Geld. Die Bauern begehrten dagegen auf, und

1793 kam es zu einem regelrechten kleinen Aufstand, zum Kuckshäger Krieg. Ob die Bauern sich damals durch die Ereignisse der Französischen Revolution in ihrer Absicht bestärkt fühlten, auf ihre Rechte zu pochen? Der Aufstand wurde jedenfalls niedergeschlagen, und die Anführer wurden zu Haftstrafen verurteilt.

Ganz anderes verlief die Entwicklung der Hessischen Grafschaft Schaumburg. Regiert wurde dieser Teil ab 1650 von Rinteln aus. Alle wichtigen Entscheidungen wurden aber letztlich in Kassel getroffen, denn der Landgraf von Hessen-Kassel war jetzt auch der Graf von Schaumburg. Unter seiner Regentschaft wurde Rinteln ein bedeutender Ort, vor allem deswegen, weil sich dort von 1610 bis 1810 eine Universität befand.

Nach der Besetzung durch französische Truppen im frühen 19. Jahrhundert und der Zeit der Restauration, in der zwar die zuvor befreiten Bauern frei blieben, sonst aber alle alten Verhältnisse wiederhergestellt wurden, kam die Hessische Grafschaft Schaumburg 1866 zu Preußen. Das Fürstentum Schaumburg-Lippe blieb noch länger als eigenes Staatsgebilde erhalten, von 1918 bis 1946 als Freistaat. Schaumburg-Lippe und die Hessische Grafschaft Schaumburg wurden 1946 zu zwei Landkreisen im neu gebildeten Bundesland Niedersachsen mit den Kreisstädten Stadthagen und Rinteln. 1977 wurden beide zum Kreis Schaumburg zusammengefügt. Damit wurde gewissermaßen ein

alter Zustand wiederhergestellt: Es gab das mittelalterliche Schaumburg wieder, das nun aber vom Sitz der Kreisverwaltung in Stadthagen aus verwaltet wurde. Trotz der modernen politischen und wirtschaftlichen Umwälzungen, trotz der Entwicklung von Bergbau und Industrie im Schaumburger Land, trotz des Ausbaus der Siedlungen im Umfeld der Großstadt Hannover blieb Schaumburg eine gewisse, vor allem kulturelle Eigenständigkeit erhalten, und Bückeburg wirkt auch heute noch wie eine „richtige" Residenz.

Die üppig verzierten Schaumburger Trachten, die noch in den 1930er Jahren vielerorts das Dorfbild prägten, werden heute von Trachtengruppen gesammelt, gepflegt und vorgeführt. An der hohen Haube erkennt man hier die Lindhorster Tracht des östlichen Schaumburger Trachtengebietes.

Am frühen Morgen ist jeder Tag ein wenig wie der erste Tag – jung und frisch und ein unbeschriebenes Blatt. Da besteht für einen kleinen Moment die Hoffnung, dass alles gefügt ist, dass alles gut wird. Auch im Morgenlicht der Weseraue bei Kleinenwieden blitzt ein winziges Stück des Paradieses auf, der Einheit zwischen Landschaft, Pflanzen, Tieren und uns Menschen.

Der feine Knoblauchduft, der zwischen April und Juni durch die waldigen Hänge des Wesergebirges und des Süntels zieht, stammt von einer Pflanze, die den Waldboden wie ein grün-weißer Teppich bedeckt. Der Bärlauch oder auch Waldknoblauch ist ein bis zu 40 Zentimeter hohes Liliengewächs, das auf kalkreichen Böden feuchtschattige Wälder gedeiht. Sein zartes Aroma und auch seine Inhaltstoffe machen ihn für die Küche interessant, wo er als Würze für Salate, Suppen und Soßen Verwendung findet.

„... aber nun bin ich ja wieder in der Heimat. In stiller Behaglichkeit fühle ich die Nähe meiner Lieben. Ich gehe wieder den Fußweg durch das Feld, ich streife mit der Hand die herandrängenden Ähren", schrieb Wilhelm Busch 1868 in einem Brief. Viele Jahre diente dem berühmten Maler, Dichter und Erzähler sein Heimatdorf Wiedensahl als Rückzugsort. In ländlicher Stille entstanden die meisten seiner bekannten Bildergeschichten, auch die Lausbubengeschichte von Max und Moritz. Das Dorf Wiedensahl ist noch immer ländlich geprägt. Trotz Verkoppelung und Flurbereinigung finden sich zahlreiche Feldwege, auf denen man Wilhelm Busch durch die abendlichen Felder hinüber zum Schaumburger Wald folgen kann.

Als zwei Finger, die zum Himmel emporzeigen, sind seit mehr als 1000 Jahren die beiden ottonischen Rundtürme des Klosters Möllenbeck von weit her zu sehen. Diesen Fingerzeig christlicher Glaubenslehre verstanden schon die frühen Schaumburger. 896 als Benediktinerinnenstift gegründet, war Möllenbeck einer der Ausgangspunkte christlicher Mission im Weserraum. Klöster waren ein Vorbild für das Leben in christlicher Gemeinschaft. Überzeugender jedoch wirkten die kulturellen Leistungen der Klöster auf die heidnische Bevölkerung. Lesen und Schreiben, Baukunst und Medizin, vor allem aber landwirtschaftliche Anbaumethoden wurden dort entwickelt und weitergegeben. Kloster Möllenbeck weist Baumerkmale verschiedener Epochen auf. Es gilt als eine der am besten erhaltenen Klosteranlagen des ausgehenden Mittelalters in Deutschland.

Spaziert man am Weserufer ein Stück weg von den Hauptstraßen, kann man ganz ruhige Momente erleben, wenn sich der Abend über die alte Universitätsstadt Rinteln legt. Die Silhouette der Altstadt sieht nicht anders aus als vor hundert Jahren. Die drei Kirchen St. Sturmius, St. Nikolai und St. Jakobi werden noch nicht von modernen Bauten überragt. Dass Rinteln eine mittelalterliche Stadtgründung ist, lässt sich gut am regelmäßigen Straßenbild um den Marktplatz herum ablesen. Erkennbar sind auch noch die Reste der Festungsanlagen des 17. Jahrhunderts, die sich als Grüngürtel um die Altstadt ziehen, sowie Bezüge zur ländlichen Umgebung, die Rinteln als Ackerbürgerstadt ausweisen. Das an einem Weserübergang gebaute Städtchen erlebte mehrere Blütezeiten als Handelszentrum, Universitätsstadt und Verwaltungssitz. Heute entwickelt es sich zu einem touristischen Mittelpunkt im Wesertal, das nicht nur Freizeitvergnügungen, sondern auch viel Natur und Geschichte im Angebot hat.

Der heutige Landkreis Schaumburg reicht nicht ganz bis zum Steinhuder Meer heran, sondern nur bis zu den Moorgegenden an seinem Südwestufer. Das war nicht immer so. Ursprünglich sind sowohl das Meer als auch etliche Siedlungen in seiner Umgebung schaumburgisch gewesen. Die Orte am Steinhuder Meer bildeten die „Seeprovinz" (auch: „Meerprovinz") des Landes Schaumburg-Lippe. Steinhude und seine Umgebung kamen 1977 an den Landkreis (heute Region) Hannover. Die aus historischer Sicht schaumburgischen Orte sollen hier mit vorgestellt werden, eingedenk der bereits erwähnten Tatsache, dass man Landschaften nicht allein durch Verwaltungsgrenzen voneinander trennen kann. Von schaumburgischer Seite geht vielerorts

der Blick auf das Steinhuder Meer, so dass man es hier natürlich ausführlich erwähnen muss.

Das Steinhuder Meer ist der größte Binnensee Niedersachsens. Ein Meer ist es nach den sprachlichen Regeln des Niederdeutschen. Im Norden Deutschlands wird ein Binnensee „Meer" genannt, während das Meer die „See" ist. Daher gibt es die „Nordsee" und das „Steinhuder Meer". Gleichwohl war man sich über seinen Namen nicht immer einig: Es gab auch immer wieder dem Hochdeutschen verbundene Menschen, die das Meer „Steinhuder See" nannten. Wie dem auch sei: Das Steinhuder Meer liegt in einer Senke, in der vielleicht während einer frühen Eiszeit das Schmelzwasser aus den Gletschern nach Westen abfloss. In der letzten Eiszeit mag sich dort eine Eislinse gebildet haben, die erst spät abschmolz und dann ein Becken zurückließ, das sich mit Wasser füllte. Dieses Becken ist sehr flach, nur an wenigen Stellen ist das Steinhuder Meer tiefer als zwei Meter.

Genauso wie an der See entwickelt sich am Steinhuder Meer ein eigentümliches Windsystem, das man besonders gut an einem schönen Sommertag beobachten kann. Morgens ist es windstill. Doch im Tagesverlauf wird der Einfluss der wärmenden Sonne immer stärker: Das

Abseits der touristischen Zentren in Steinhude und Mardorf erlebt man das Steinhuder Meer als einen stillen Binnensee. Die Insel Wilhelmstein ist für Tagesgäste mit so genannten „Auswanderern" zu erreichen – offenen Segelbooten, die mit kleinen Hilfsmotoren auch bei Flaute fahren können.

Land wird schneller aufgeheizt als das Wasser. Die warme Luft über dem Land steigt auf, so dass dort der Luftdruck abnimmt. Der Luftdruck über dem kühleren Wasser wird dadurch relativ gesehen höher als über dem Land. Dadurch entsteht ein beständiger Luftzug vom Wasser zum Land. Mittags und nachmittags herrscht starker Wind am Steinhuder Meer – wie an der Nordsee. Unzählige Segler und Surfer wissen das: Von weither kommen sie zum Steinhuder Meer. Am Ufer freut man sich ebenfalls über den erfrischenden Luftzug, der einen heißen Sommertag angenehm macht. Der Wind peitscht die Wellen an. Diese reißen immer wieder Uferstücke ab, die in Phasen mit kaum bewegtem Wasser verlanden. Zwar sind um das Meer durch die Verlandung große Moore entstanden, aber das Steinhuder Meer hat seine Größe weitgehend bewahrt. Dafür sorgen sowohl der Wellenschlag als auch Quellen unter dem Wasser. Sandige Ufer, die – vor allem im Norden – von Natur aus bestehen oder die – vor Steinhude – aufgespült wurden, sind ideale Badestrände, gerade für Familien mit kleinen Kindern: Das Wasser am Ufer ist nicht tiefer als ein Nichtschwimmerbecken im Freibad.

In das Steinhuder Meer fließt Wasser, das reich an Stickstoffverbindungen ist. Entgegen landläufiger Meinung geht dies nicht unbedingt auf Umweltver-

Wenn auch nicht alle Aale im Steinhuder Meer gefangen wurden – der Räucheraal, der noch von einigen Steinhudern frisch geräuchert gleich zum Dielentor heraus verkauft wird, ist eine Delikatesse.

schmutzung zurück, denn auch in einem Erlenbruchwald, wie er bei Hagenburg vorkommt, bildet sich Nitrat, und zwar durch die Tätigkeit von Bakterien an den Erlenwurzeln. Die Stickstoffverbindungen düngen das Steinhuder Meer. Algen können sich natürlicherweise rasch und in großer Zahl entwickeln. Sie sind die Nahrung für zahlreiche Fische, die im Steinhuder Meer leben. Wenn es zu viele Algen gibt und abgestorbene Algen an den Grund des Sees sinken, wird viel Sauerstoff verbraucht, und der Sauerstoffgehalt des Wassers nimmt ab. Das kann für Fische und andere Lebewesen zum Problem werden, die Sauerstoff aus dem Wasser aufnehmen.

Am Steinhuder Meer gibt es noch heute etliche Fischer. Fisch aus dem See ist eine Delikatesse: vor allem Zander und Aal. Für die Wasserqualität des Steinhuder Meeres wurde in den letzten Jahren sehr viel getan, vor allem durch die Anlage eines Ringkanals und den Bau von Kläranlagen. Die Fischer und Badegäste sind dafür besonders dankbar, doch auf diese Weise wird auch das Herzstück des Naturparks Steinhuder Meer geschützt.

Untrennbar mit Schaumburg verbunden ist der Wilhelmstein, eine künstliche Insel im Steinhuder Meer. Graf Wilhelm von Schaumburg-Lippe errichtete die Insel und ihre Festungsanlagen im 18. Jahrhundert. Bald nach Wilhelms Tod hatte die Festung tatsächlich eine Bewährungsprobe zu bestehen: Als die

Hessen das Land Schaumburg-Lippe angriffen, konnte sich eine Abteilung von Soldaten nur noch auf die Insel zurückziehen. Das hessische Heer war offensichtlich auf einen Feldzug zu Wasser nicht eingerichtet: Die Schaumburg-Lipper konnten ihre Festung verteidigen und ihr Land retten.

Auf dem Wilhelmstein befand sich eine Militärschule, in der unter anderem der preußische General Scharnhorst ausgebildet wurde. Im 19. Jahrhundert lag das (wohl sehr sichere) Gefängnis Schaumburg-Lippes auf der Insel. Heute ist sie ein friedliches Ausflugsziel, zu dem man mit Booten gelangen kann, die „Auswanderer" heißen – denn mit ihnen konnte man nicht nur den Wilhelmstein, sondern auch das hannover-

Das Hagenburger Schloss, einst die Sommerresidenz des Fürstenhauses Schaumburg-Lippe, ist heute in Privatbesitz. Ein Blick auf den Hof ist aber gestattet.

sche Ausland am anderen Ufer des Steinhuder Meeres erreichen.

Zum Naturpark Steinhuder Meer gehören die weitläufigen moorigen Uferbereiche. In den Meerbruchswiesen nördlich von Hagenburg gibt es mehrere Vogelbeobachtungstürme. Und in Winzlar kann man die Ökologische Schutzstation Steinhuder Meer besichtigen. Die ehemaligen Erlenbruchwälder sind großenteils gerodet. An ihrer Stelle befinden sich ausgedehnte Wiesen und Weiden. Sie sind für viele Vögel ein wichtiges Brutrevier: Rohrweihe, Rohrammer, Schilf- und Teichrohrsänger sind Vogelarten, die man nur sehr

selten zu Gesicht bekommt. Andere Tiere überwintern in den Meerbruchswiesen, unter anderem Graugänse.

Direkt an den Bruchwald grenzen Schloss und Ort Hagenburg. An der Stelle einer alten Wasserburg errichteten die Grafen von Schaumburg-Lippe ihre Sommerresidenz. Graf Wilhelm ließ vom Schloss zum Steinhuder Meer einen Kanal graben, um von dort aus besser zum Wilhelmstein zu gelangen. Vor allem im späten Frühjahr ist der Zugang zum Schloss vom Land her unvergleichlich schön. Sumpfzypressen und zahllose Rhododendronbüsche säumen eine Allee, die zum Schloss hinführt, die Gehölze gedeihen auf dem fruchtbaren und wasserreichen Sumpfboden hervorragend.

Das Umland des Steinhuder Meeres ist in besonderer Weise vom Salz geprägt. Weit leuchtet die riesige Abraumhalde des Salzbergwerkes von Bokeloh. Auch an anderen Orten wurde früher Salz abgebaut. Der wichtigste Bodenschatz ist hier Kalisalz, das man für die Düngerproduktion benötigt. Salz ließ auch den Hügelzug der Rehburger Berge entstehen. Wird Salz nämlich durch die

drückende Last von darüber liegenden Gesteinsschichten zusammengepresst, wird es plastisch, verformbar. An bestimmten Stellen wird es nach oben gedrückt, und die Gesteinsschichten, die dann immer noch über dem Salz liegen, werden als so genannter Salzhut angehoben. So formte das Salz die Kalkberge von Lüneburg und Segeberg

Man mag streiten, welcher Blick der schönere ist – über die Felder hinauf zur St.-Katharinen-Kirche von Bergkirchen, die oben auf dem Höhenrücken der Rehburger Berge liegt, oder der Blick von dort oben, weit ins Schaumburger Land und in die Norddeutsche Tiefebene.

Jahrmillionen erhalten bleiben. Die Rehburger Berge sind ein richtiges kleines Mittelgebirge – und doch schon ein ganzes Stück weit vom Mittelgebirgsrand entfernt. Man kann sie aber als den nördlichsten Ausläufer der Mittelgebirge bezeichnen. Nirgends sonst reicht das mitteleuropäische Berg- und Hügelland weiter nach Norden.

Ein bedeutendes Baudenkmal ist das im Kern romanische Gotteshaus von Bergkirchen – von hier aus genießt man außerdem eine herrliche Aussicht. Der älteste Ort im Umland ist Wölpinghausen. Darauf kann auch der Ortsname verweisen. Er zeigt, dass der Ort zweimal gegründet wurde: einmal als „Wölpingen", dann – wohl an einer anderen Stelle – mit dem moderneren Namen Wölpinghausen. Ähnliches mag im benachbarten Düdinghausen geschehen sein.

In den Orten an den Rehburger Bergen und ihrem Umland muss man sich genauer umsehen. Man findet dort nicht nur schöne alte Bauernhäuser mit malerischem Schnitzwerk. Sachsenhagen ist eine der kleinsten historischen Städte weit und breit. Sie besteht aus drei kleinen Straßen, die den Markt-

Zwischen 1120 und 1129 ließ Bischof Sigward von Minden diese kleine Kirche bauen, die ihm wohl auch als Grablege diente. Sie zählt heute zu den bedeutendsten sakralen Kleinbauten in Nordeuropa.

Die kleinste Stadt im Schaumburger Land besaß einst eine große Schlossanlage mit Wall und Wassergraben. Der alte Schlossturm steht noch und ist heute das Wahrzeichen von Sachsenhagen.

sowie Helgoland – und eben die Rehburger Berge. Felsmassen aus Sandstein, die bereits tief im Untergrund versunken waren, kamen wieder an die Erdoberfläche – und mit ihnen Kohleflöze, die man bis vor wenigen Jahrzehnten ausbeutete, und auch Saurierspuren, die man in Münchehagen besichtigen kann. Nachdem die riesigen Tiere über das Land gelaufen waren, müssen ihre Spuren sofort von anderen Ablagerungen überdeckt worden sein. Nur auf diese Weise konnten sie über

platz im Westen mit der Petersilienstraße im Osten verbinden. Beide Adressen kannte man im Mittelalter, in letzterer lebten die leichten Mädchen, die das Kraut als Abortivum verwendeten. Die Männer nahmen es, um ihre Sexualtriebe anzuregen: „Petersilie hilft dem Mann aufs Pferd, den Frauen unter die Erd'", wusste man bereits im Mittelalter. Straßen gleichen Namens gibt es übrigens auch in Bückeburg und Bad Münder. Vor dem ehemals ummauerten Bereich der Stadt liegen die Kirche und ein reizvolles Schlösschen, eigentlich ein Wohnturm aus dem Mittelalter, Rest einer großen Anlage.

Ein besonderes Kleinod ist die Sigwardskirche in Idensen. Das kleine Kirchlein aus dem frühen 12. Jahrhundert ist nicht leicht zu finden. Das hängt damit zusammen, dass sie wohl als Eigenkirche des Bischofs Sigward von Minden gegründet worden war. Über einen Rasenweg kommt man zu ihr. Im Inneren trifft man auf eine überwältigende Fülle von bunten Fresken aus der Zeit um 1130, die man zu Bildergeschichten zusammensetzen kann: Denn auch die Kirchenbesucher, die nicht lesen konnten, sollten die Geschichten der Bibel verstehen!

Von den Rehburger Bergen nach Südwesten erstreckt sich der Schaumburger Wald. In ihm verläuft eine deutlich erkennbare Grenzbefestigung aus dem Mittelalter, die Schaumburger Landwehr. Auch östlich der Rehburger Berge gab es eine entsprechende Anlage,

Buschmanns Landwehr genannt. Eine solche Landwehr kann als eine Grenzbefestigung, besser aber als Grenzmarkierung verstanden werden, und tatsächlich entspricht sie in weiten Teilen den Grenzen des historischen Schaumburger Landes. Aber Wall und Graben, die man im Wald gut ausmachen kann, waren kaum geeignet, um menschliche Eindringlinge abzuwehren. Vielmehr sollte durch die Landwehr verhindert werden, dass Wild- und Weidetiere das Schaumburger Gebiet verließen.

Der Schaumburger Wald war nicht immer so dicht wie heute. Dort, wo heute hohe Bäume stehen, lagen mancherorts im Mittelalter sogar Ackerflächen. Spuren von ihnen kann man beispielsweise in der Umgebung von Mittelbrink erkennen. Damals und wohl auch noch in späterer Zeit wurde das Vieh zur Weide in den Wald geschickt. Auch die Schweine brachte man hierher, um sie mit Eicheln zu mästen. Auf Wiedensahler Gemarkung steht das schmucke kleine Häuschen des Schweinehirten, der auf die Tiere aufzupassen hatte. Im Wald gab es außer der Landwehr keine Zäune. Die Hirten, die das Vieh begleiteten, hatten darauf aufzupassen, dass die Tiere nur dort fraßen, wo dies erlaubt war. Rinder, Schafe und Ziegen fraßen nicht nur Gras, sondern auch die jungen Bäumchen. Und die Eichen stellte man frei, damit sie möglichst viele Eicheln trugen. Der Wald muss also im Mittelalter viel lichter gewesen sein als heute.

Der Schaumburger Wald wurde später zum Jagdgebiet der Bückeburger Grafen. Im späten 17. Jahrhundert errichteten sie ein kleines Jagdschloss, das – übrigens nach dem nahen Schlagbaum an der Grenze des Landes Schaumburg-Lippe – „Baum" genannt wurde. Graf Wilhelm baute es im 18. Jahrhundert neu, und zwar im Stil einer venezianischen Villa. Hierhin zog er sich zurück, wenn er Ruhe haben wollte. Das Innere des Schlosses wurde besonders schmuckvoll ausgestattet. Das Schloss lag in einem sehr schönen barocken Garten, von dem aber nicht mehr viel zu erkennen ist. Graf Wilhelm fühlte sich der Natur derart verbunden, dass er inmitten des Schaumburger Waldes begraben sein wollte. Seine Gebeine ruhen zusammen mit denjenigen seiner Frau und seines Töchterleins, die beide

vor ihm starben, unter einer Pyramide, die südwestlich des Schlosses im Wald errichtet wurde. Sehr gern war auch Gräfin Juliane in Schloss Baum. Sie soll, früh verwitwet, eine Affäre mit dem Forstmeister Clemens August von Kaas gehabt haben. Vom Jagdschloss Baum aus ging sie an einem heimlichen Ort zum Baden – und der Forstmeister soll sie dabei beobachtet haben.

Mitten im Schaumburger Wald legte Graf Wilhelm eine Kolonie an: das schon erwähnte Mittelbrink. Die Menschen, die er dort ansiedelte, waren überwiegend Handwerker, unter anderem Töpfer. Der Koloniecharakter der kleinen Siedlung ist bis heute erhalten geblieben.

Außerhalb des Gebietes, das die Schaumburger Landwehr abgrenzte, liegt ein Ort, der im Charakter typisch für die Gegend ist: Wiedensahl. Dieser Ort ist weltbekannt, weil er der Geburtsort des Dichters und Malers Wilhelm Busch (1832–1908) ist. Aber

Seit 1275 gibt die St. Nicolai Kirche den Wiedensahlern den Lebenstakt vor. Halbstündlich schlägt wenigstens einmal die Turmglocke. Das von außen eher schlichte Gotteshaus aus Feldsteinen und grobem Sandstein hat eine sehenswerte barocke Innenausstattung.

auch in manch anderer Hinsicht ist das Dorf bemerkenswert. Die Siedlung entstand an einem kleinen Teich, dem Sahl. Alte Wege führen auf ihn zu, was man noch heute auf der Karte erkennen kann. Im Ortsbereich wurden die Straßen aber später neu angelegt. Denn Wiedensahl in seiner heutigen Gestalt ist eine planmäßige Gründung, eine Straßensiedlung, die viele Charakteristika einer Hagenhufensiedlung besitzt. Die zentrale Straße im Ort verläuft ziemlich genau von Nord nach Süd. Das hatte einen großen Vorteil: Die Dorfkirche steht rechtwinklig zur Straße. Auch die meisten Höfe sind von West nach Ost ausgerichtet. Viele davon sind prachtvolle Fachwerkbauten mit Schaumburger Mützen. Früher erstreckten sich von ihnen aus die langen Hufen weit nach West und Ost, heute sind die Felder zu großen Blöcken zusammengelegt. Aber noch immer verlaufen alle Wege im Kern der Wiedensahler Gemarkung strikt von West nach Ost oder Nord nach Süd. Hier wurde ganz offensichtlich für die Dorfkirche die gesamte Landschaft eingerichtet! Wilhelm Busch hat dem Wiedensahler Dorfleben des 19. Jahrhunderts etliche Denkmäler gesetzt – in Wort und Bild. Wer den Ort durchstreift, sucht unwillkürlich nach Reminiszenzen an den Dichter und Maler. Man findet sie tatsächlich – und nicht allein im Heimatmuseum oder im Geburtshaus des Künstlers!

Westlich und nördlich von Wiedensahl liegt heute nicht nur die Grenze des

Landkreises Schaumburg, sondern dort stoßen auch die Bundesländer Niedersachsen und Nordrhein-Westfalen aneinander. Diese Grenze ist deutlich zu erkennen: Man kommt in Dünengelände aus Sand, den eiszeitliche Winde aus dem Wesertal hierher getragen haben. Der Boden ist viel weniger fruchtbar als in Wiedensahl, und nur kleine Siedlungen liegen an den kurvenreichen Sträßchen und Wegen. Man hat tatsächlich das Gefühl: Wer Wiedensahl und damit das Schaumburger Land verlässt, kommt in eine andere Welt.

Das Herrenhaus des alten Rittergutes von Zerssen in Lauenau wurde im 19. Jahrhundert von den Freiherrn von Meysenbug in Anlehnung an die englische Neugotik umgebaut.

„Wenn wir schon ein Meer haben", so sagten sich wohl die Steinhuder, „dann wollen wir nicht nur Ufer haben, sondern auch einen richtigen Strand." Und so schütteten sie in den 1970er Jahren eine Sandinsel auf. Erfahrung mit dem Inselbau hatten sie ja. Damals waren sie nicht begeistert vom Plan des Grafen Wilhelm, in ihrem See eine künstliche Insel anzulegen. Ihnen kam nämlich die Aufgabe zu, im Rahmen ihrer Dienstpflichten und auch gegen Entlohnung, Steine für das Fundament der Insel mit ihren Booten über das Wasser zu transportieren. Von 1761 bis 1765 dauerten die Vorarbeiten, dann erst konnte mit dem Bau der eigentlichen Festungsanlage begonnen werden. Die Sandinsel aus dem eiszeitlichen Dünensand, der in großen Vorkommen gleich in der Nähe zu finden ist, wurde schneller fertig. Sie sieht heute so aus, als wäre sie schon immer da gewesen.

Graf Wilhelm zu Schaumburg-Lippe, der erfolgreiche Feldherr und ideenreiche Militärstratege und Landesherr, gründete erst spät eine Familie. Im Alter von 41 Jahren heiratete er 1765 die 20 Jahre jüngere Gräfin Maria Eleonore zu Lippe-Biesterfeld. Das kleine Jagdschloss Baum im Schaumburger Wald wurde zur Sommerresidenz der gräflichen Familie. 1771 wurde die Tochter Emilie Eleonore Wilhelmine geboren. Doch das Familienglück währte nicht lange. Dreijährig starb das Kind und zwei Jahre später Gräfin Maria Eleonore. Graf Wilhelm ließ unweit des Schlosses im Wald eine Grabpyramide errichten. Ein geplanter Totengarten, der in der Stille dieses Ortes der Andacht dienen sollte, kam nicht mehr zur Ausführung, denn schon im nächsten Jahr starb auch Graf Wilhelm. Er wurde zusammen mit Frau und Kind in der Pyramide beigesetzt.

Das Hagenburger Schloss, das aus einem Herrenhaus und einem Torbau besteht, diente dem Fürstenhaus Schaumburg-Lippe lange Zeit als Sommersitz. Noch heute beeindrucken die Reste der alten Gartenanlagen. vor allem die zart verwildernde Allee aus Sumpfzypressen, die durch den Park auf das Schloss zuführt. Über stilistische Aspekte der Kombination von Sumpfzypressen und Rhododendren mag man sich in botanisch-ökologischen Fachkreisen streiten. Die Besucher jedenfalls sind beeindruckt, wenn die exotischen großen Büsche ihre Blütenpracht entfalten.

Die vielen Wandbilder, die man in mittelalterlichen Kirchen findet, entstanden nicht aus reinem Schmuckbedürfnis. In einer Zeit, in der nur wenige Menschen schriftkundig waren, konnte man diese Bilder wie Geschichten lesen. Die wichtigsten Themen der christlichen Lehre wurden so für alle anschaulich und erfahrbar gemacht. Die mittelalterlichen Ausmalungen der kleinen Kirche in Idensen, die zwischen 1120 und 1129 vom Mindener Bischof Sigward als Eigenkirche errichtet wurde, entdeckte man vor etwa 100 Jahren bei Restaurierungsarbeiten. Sie sind heute durch Licht und klimatische Einflüsse stark gefährdet.

Der Südgiebel des Hofes Nr. 2 in Hiddensen leuchtet in der Frühlingssonne. „Bis hierher hat uns Gott gebracht mit seiner großen Güte", so beginnt die Balkeninschrift, die der alte Kirschbaum verdeckt. Doch mit einem Schritt zur Seite kann man weiterlesen: „Bis hierher hat er Tag und Nacht bewohnt Herz und Gemüthe." Ungewöhnlich ist, dass zwei weitere Schriftbalken die Fassade zieren. Der Nordgiebel nennt auch die stolzen Eigentümer des 1848 gebauten Anwesens: Ernst Christian Wilharm und Sophie Caroline Schmöe. 1982 wurde das Haus innen und außen einfühlsam restauriert. Der Erhalt solcher bäuerlichen Kulturgüter bewahrt auch ihre Geschichte und viele Geschichten vor dem Vergessenwerden. So weiß man heute noch, dass der Hof Nr. 2 zu jener Zeit eigentlich ein armer Hof war und dass die Braut, die vom Hof Nr. 5 gegenüber stammte, so viel Geld mit in die Ehe brachte, dass dieses Schmuckstück entstehen konnte.

Die Börde ist eine Kornkammer. Ihre außerordentlich fruchtbaren Böden entstanden in der Eiszeit. Damals wehten Winde feinen Staub aus den Vorfeldern der Gletscher bis an den Saum der Mittelgebirge. Der Name „Börde" nimmt auf diese Lage Bezug: Das Wort ist mit dem englischen Begriff „border" (für Grenze) verwandt. Die Börde ist also der eigentliche Nordrand der Berg- und Hügelländer Mitteleuropas.

Wie überall in Europa sind auch im Schaumburger Land die Lössgebiete die am längsten und am intensivsten beackerten Flächen. Schon vor mehr als 7000 Jahren rodeten die ersten Ackerbauern den Wald und betrieben Landwirtschaft. Trotz der Tatsache, dass schon einige tausend Ernten von den gleichen Flächen eingefahren wurden, hat die enorme Fruchtbarkeit des Landes bis heute nicht grundsätzlich nach-

gelassen. Am Anfang der Landwirtschaftsgeschichte sind die Bauern wohl kaum in der Lage gewesen, den Ertragsreichtum von Böden abzuschätzen. Sie wählten die Lössböden wohl wegen eines anderen Vorzuges: In Lössablagerungen finden sich so gut wie keine Steine. Daher konnte man die Flächen auch schon beackern, als lediglich Geräte aus Stein, Knochen und Holz zur Verfügung standen. Und auch in späterer Zeit wurden die Pflüge geschont.

Die Lössschichten sind am Rand des Hügellandes besonders mächtig, nach Norden zu werden sie dünner. Mit der Zeit wurden auch die weiter im Norden liegenden Flächen in die Agrarflächen mit einbezogen, die feuchter waren. Dort, nördlich und westlich von Stadthagen, lag der feuchte Dülwald, der erst nach und nach gerodet wurde, so dass man seine Flächen kultivieren konnte. Durch archäologische Untersuchungen lässt sich zeigen, dass das Land um Stadthagen schon in Urzeiten besiedelt war. Die Hagenhufensiedlungen entstanden daher nicht im Niemandsland, wie etliche historische Quellen glauben

lassen möchten. Vielmehr war das Land, das man als „Wildnis" bezeichnete, bereits besiedelt. Die Bauern, ihre Siedlungen und Nutzflächen waren aber zu Beginn des Mittelalters noch in keine Ordnung integriert. Sie lebten „wild", unzivilisiert.

Dies änderte sich, als man beschloss, das Land zu kolonisieren. Lokatoren zogen im Auftrag der Grundherrschaft über Land, legten zunächst die Straßenverläufe fest und maßen dann die Breiten der Hufen ab, die jeder Bauer in einer Hagenhufensiedlung bewirtschaften konnte. An den Straßen bauten die

Dank der eiszeitlichen Lössablagerungen ist die Schaumburger Börde ein fruchtbares Ackerland. Seit Urzeiten wird hier Landwirtschaft betrieben. Doch bewirtschaften heute immer weniger Bauern die zu immer größeren Einheiten zusammengelegten Ackerflächen.

Bauern ihre Höfe. Von dort aus erstreckten sich die Hufen so weit ins Land hinein, bis sie an das Land einer anderen Hagenhufensiedlung stießen. Wo die Hufen zweier Siedlungen aufeinander trafen, legte man einen Scheidungsgraben an. Einen solchen kann man zwischen Hülshagen und Lüdersfeld noch heute finden. Auf diesem wurde eine Windmühle, die Scheidungswindmühle, errichtet. Jeder Bauer war frei, auf seinem Land zu tun, was er für richtig hielt, unter der Bedingung, dass er Abgaben an die Obrigkeit entrichtete. Man merkt: Die Hagenhufensiedlung war eine für das Mittelalter sehr moderne Siedlungs- und eigentlich auch eine Wirtschafts- und Lebensform, die ihrer Zeit weit voraus war. Wo gab es schon Bauern, die unabhängig wirtschaften konnten?

Bei der Anlage der Siedlungen ging man allerdings so vor, wie man dies schon seit Urzeiten getan hatte: Die Straße wurde nicht direkt am Bach angelegt, aber auch nicht zu weit von ihm entfernt. Die Häuser wurden am halben Hang der flach eingesenkten Täler gebaut. Unterhalb der Bauernhöfe hatte man eine kleine Fläche Grünland, um Heu zu produzieren oder das Vieh auf die Weide zu schicken. Oder man pflanzte dort, an geschütztem Platz, ein paar Obstbäume. Am Bach standen Korbweiden, die man regelmäßig schnitt, um aus den Ruten Körbe und Sitzflächen von Stühlen zu flechten. Auf der anderen Seite des Hauses, auf der fast ebenen und steinfreien Lössfläche, baute man Getreide und andere Kulturpflanzen an. Viele der Hagenhufendörfer sind an ihren Namen als solche kenntlich: Probsthagen, Krebshagen, Lauenhagen, Hülshagen, Pollhagen, Vornhagen, Auhagen und das kleine Kuckshagen. Aber auch Siedlungen, die andere Ortsnamen tragen, gehören zu den Hagenhufensiedlungen, Nordsehl und Lüdersfeld zum Beispiel.

Der besondere Charakter dieser Siedlungen wird am ehesten auf der Karte oder im Luftbild deutlich. Besucht man sie, nimmt man sie als schier endlose Straßendörfer wahr, in denen Anwesen an Anwesen grenzt. Viele der Häuser sind noch die schönen Schaumburger Mehrständerbauten mit dicken Eichenbalken, roten Ziegelsteinen und den Schaumburger Mützen, die ebenfalls mit roten Dachziegeln gedeckt sind. Ansehen sollte man sich das Lauen-

Das Renaissance-Schlösschen des Rittergutes Remeringhausen hat an seinem Treppenturm eine besondere steinerne Sonnenuhr von 1596, deren astronomischer Aufbau bis heute nicht ganz entschlüsselt ist. Sie erinnert daran, dass früher jeder Ort seine eigene Zeit hatte.

häger Bauernhaus in Hülshagen, eines der ältesten Fachwerkhäuser Schaumburgs, entstanden um 1540, heute ein Ort zahlreicher Veranstaltungen.

Zwischen Stadthagen und Sachsenhagen liegt eine „Kernzone" der Hagenhufensiedlungen. Östlich davon stößt man auf große Haufendörfer, die den Bördesiedlungen im Umland von Hannover ähneln: Lindhorst, Beckedorf, Haste. Vor allem Lindhorst und Haste sind in den letzten Jahrzehnten enorm gewachsen, weil sie an der Eisenbahn liegen und daher günstige Wohnorte für Pendler sind, die in Hannover arbeiten. Doch in Lindhorst ist man sich der Traditionen bewusst. Dort setzt man sich ganz besonders für die überkommene Schaumburger Tracht ein.

Auf ein besonders hübsches Landschloss in dieser Gegend, das außerdem einen sehenswerten Garten besitzt,

muss hingewiesen werden: Remeringhausen, östlich von Stadthagen gelegen. Südwestlich des Gebietes der Hagenhufensiedlungen stößt man ebenfalls auf andere Siedlungsbilder, vor allem kleinere Orte und Einzelhofsiedlungen, ähnlich wie im angrenzenden Westfalen. Einige Ortsnamen verweisen auf den sumpfigen Untergrund, der in dieser Gegend erst trockengelegt werden musste, bevor man hier siedeln konnte: Meerbeck und Seggebruch.

Mitten in der Schaumburger Börde liegt Stadthagen, ein in vieler Hinsicht bemerkenswerter Ort. Die Stadtanlage ist das Ergebnis einer vorzüglichen Planung. Dort, wo man die Stadt gründete, treffen sich verschiedene kleine Bäche, die weiter südlich, am Bückeberg, entspringen. Das Wasser der Bäche ließ man in die Stadtgräben fließen. Und es trieb Mühlen an, die nicht nur die Stadt, sondern auch das Umland benötigte. Jederzeit hatte die Stadtbevölkerung genügend Mehl zum Brotbacken. Und man konnte die Dienstleistung des Kornmahlens für das gesamte Umland anbieten, in dem es nur wasserarme Bäche und wenige Windmühlen gab. In

der Lössebene lagen keine Hügel, auf denen man den Wind für den Betrieb von Windmühlen hätte nutzen können. Die Siedlung Stadthagen wurde genau von Süd nach Nord ausgerichtet. In das Straßenraster ließ sich die Kirche gut einpassen. Ihr Chor hatte im Osten zu liegen, denn man musste beachten, dass das Morgenlicht – wie der christliche Glaube – aus dem Osten kam. Die Morgensonne sollte durch den Chor in die Kirche scheinen. Stadthagen gibt sich also in seiner strengen Orientierung als eine Gründung aus christlicher

Die Fassaden künden von alten Zeiten und lassen nicht mehr auf die heutige Nutzung schließen. Das Fachwerkgebäude der alten „Amtspforte", das einst direkt am Stadttor stand, beherbergt jetzt das Stadthäger Museum. Das Haus mit den klassizistischen Fassadenelementen ist ein Kultur- und Kommunikationszentrum.

Zeit zu erkennen. Zunächst hieß der Ort Grevenalveshagen. Das war eine Verballhornung von „Graf Adolfs Hagen", was auf den Gründer der Stadt hinwies. Der Name Stadthagen ist seit 1378 geläufig.

Die Kirche ist dem heiligen Martin geweiht – wie viele mittelalterliche Kirchen. Die meisten der bemerkenswerten Bauten der Stadt entstanden in ihrer ersten großen Zeit, im 16. Jahrhundert. Die Schaumburger Grafen ließen damals das von einem schönen Park umgebene Schloss errichten. Es ist eines der ältesten Gebäude im Stil der so genannten Weserrenaissance. Man verwendete Obernkirchener Sandstein vom nahen Bückeberg, schuf eine Vielzahl an so genannten „Welschen Giebeln", die halbrund sind und Kugeln tragen. Dies sind Stilmerkmale, die man auch an anderen Bauten der Weserrenaissance findet. Ganz ähnlich gestaltet

sind die Fassaden des aus der gleichen Zeit stammenden Rathauses, an dem aber noch ein weiteres Kennzeichen der Weserrenaissance auffällt: Aus der Fassade ragen besondere Erker hervor, die Utluchten. Weitere Bauten des 16. Jahrhunderts sind die Amtspforte neben dem Schloss, wo der Amtmann wohnte und seine Dienstpflichten verrichtete, und die Lateinschule. Zu Beginn des 17. Jahrhunderts, noch vor der Teilung des Landes, verlegten die Schaumburger Grafen ihre Residenz nach Bückeburg, und auch die Lateinschule verließ Stadthagen. Daraus ging die Rintelner Universität hervor. Stadthagen blieb schaumburgischer Witwensitz. Im 17. Jahrhundert ließ Fürst Ernst in Stadthagen ein weiteres bedeutendes Bauwerk errichten: das Mausoleum, das im Osten an die Martinikirche angebaut wurde. Bis zum Beginn des 20. Jahrhunderts war es die Grablege der Schaumburger Grafen. Der niederländische Künstler Adrian de Vries gestaltete die Figuren des Grabmals, das – erstmalig in der Kunstgeschichte – nicht einen bestimmten Toten zeigt, sondern ein allgemeines christliches

Motiv aufgreift. Man erkennt den auferstandenen Christus, umgeben von den Soldaten, die sein Grab bewachen sollen.

An den Straßen zwischen diesen Bauten stehen wunderbare Fachwerkhäuser. Ansehen sollte man sich das Haus zum Wolf: Ein ins Fachwerk geschnitztes Untier beißt der Gans den Kopf ab, und darunter kann man lesen: „Undank ist der Welt Lohn."

Stadthagens berühmtester Sohn stammt aus dem 18. Jahrhundert. Anton Friedrich Büsching verfasste eine mehrteilige Erdbeschreibung. Stadthagen blieb, als

Man weiß nicht, was den Erbauer des reich verzierten Hauses an der Ecke des Marktplatzes in Stadthagen dazu bewogen hatte, seine Mitbürger zu mahnen: „Undank ist der Welt Lohn!" Das Bild erinnert an die Geschichte von der Gans, die dem Wolf vertraute. Der aber biss ihr den Kopf ab.

sich die Regierung und die Bildungsin-
stitution zurückgezogen hatten, eine
Landstadt mit Mausoleum. Wichtige
Impulse erhielt der Ort erst wieder im
Zeitalter der Industrialisierung. Zahl-
reiche Bodenschätze wurden in der
Umgebung ausgebeutet, vor allem Salz,
Steinkohle und Baustein. Von den alten
Bergwerken blieben Reste der Förder-
anlagen, Stollenmünder und so genann-
te Kummerhaufen bis heute erhalten.
Kummerhaufen sind Abraumhalden,
die, von Gebüsch bestanden, an vielen
Orten mitten in der Agrarlandschaft zu
sehen sind.

Für diese Entwicklung war entschei-
dend, dass die Börde im Schaumburger
Land nicht nur ein Agrarland ist, sondern auch eine rohstoffreiche Gegend.
Und außerdem bot sie hervorragende
Voraussetzungen für die Anlage über-
regionaler Verkehrswege. Bereits im

Mittelalter führte ein wichtiger Fern-
handelsweg am Fuß der Mittelgebirgsschwelle entlang: der Hellweg, auch
Helweg geschrieben. Über die Bedeutung dieses Namens ist viel nachge-
dacht worden, möglicherweise verwies
der Begriff „hell" auf die Sicherheit, die
auf diesem Weg außerhalb der Wälder
bestand. Ursprünglich verlief der Hellweg vom Rhein in östliche Richtung
nur bis Paderborn. Karl der Große und
seine Nachfahren ließen ihn weiter
nach Osten ausbauen, wobei zwei Rou-
ten des Weges entstanden: eine über
Hildesheim, die andere durch das
Schaumburger Land. Auf diesem Weg
konnte der Nachschub für die Koloni-
sierung im Harzvorland, im Magdebur-
ger Raum und schließlich noch weiter
im Osten organisiert werden. Textilien
und Wein mögen auf dem Hellweg ost-
wärts transportiert worden sein, im
Austausch dagegen kamen Felle, Bern-
stein und Harz oder Teer in den Westen. Zum Schutz der Handelsgüter und
Kaufleute errichtete man Burgen entlang des Hellweges. Diese Aufgabe
könnte das Heisterschlösschen auf dem
Geländesporn oberhalb von Beckedorf

erfüllt haben, das schon im 9. Jahrhundert errichtet wurde, also genau in der
Zeit, in der auch der Hellweg entstand.
Von dort aus überblickt man den Hell-
wegverlauf weit in beiden Richtungen.
Die heutige Bundesstraße 65 folgt
großenteils dem Hellweg im Schaumburger Land. Doch die mittelalterliche
Straße sah völlig anders aus: Sie war
weitgehend unbefestigt, und immer
dann, wenn eine Wagenspur unwegsam
geworden war, legte der Fuhrmann des
nächsten Gespannes eine weitere Fahr-

Elemente der Weser-
renaissance, vor allem die
farbigen Ausgestaltungen,
lassen sich nicht nur an
den Fassaden städtischer
und herrschaftlicher Gebäude erkennen, sondern auch
an den reichen Verzierungen
der Bürgerhäuser wie hier in
Stadthagen am Marktplatz.

spur daneben an. Eine mittelalterliche Straße war daher recht breit. Erst durch den Bau von Chausseen ab dem 18. Jahrhundert wurden die Fahrspuren auf einem festen Straßenkörper gebündelt. Vor allem im Osten von Stadthagen lässt sich der alte schnurgerade Verlauf der in der Neuzeit neu gebauten Chaussee gut erkennen. Nicht nur der frühere Hellweg wurde im 18. und 19. Jahrhundert befestigt. Auch andernorts legte man Chausseen an und bepflanzte sie beiderseits mit Bäumen. Durch die Anlage einer Allee wurde verhindert, dass die Fuhrleute die ihnen zugewiesenen Straßentrassen verließen. Lindenalleen waren besonders beliebt: Bienen besuchen die Bäume im Hochsommer, wenn nur noch wenige andere Blüten offenstehen. Honig hatte früher größere Bedeutung, als er noch das einzige Mittel zum Süßen war. Auch war man

damals stärker von der Kerzenproduktion abhängig als heute. Daher versprach man sich viel davon, wenn man die Alleen mit Linden bepflanzte.

Das Terrain der ebenen Börde war ideal für den Bau der Eisenbahn im 19. Jahrhundert. Allerdings musste auf die Lage der Residenzstadt Bückeburg Rücksicht genommen werden. Die Bahn führt daher nicht auf direktem Weg von Stadthagen nach Minden, sondern macht einen weiten Bogen nach Süden, um den Bahnhof Bückeburg anzubinden. Bis heute bremsen die Züge hier, viele davon allerdings nicht, um in Bückeburg anzuhalten, sondern um den Bahnhof und die dortige scharfe Kurve in etwas mäßigerer Geschwindigkeit zu passieren.

Noch stärker als beim Bau der Eisenbahn kam es beim Bau des Mittellandkanals darauf an, die Ebene als Terrain zu nutzen. Diese Wasserstraße verbindet seit dem frühen 20. Jahrhundert das Ruhrgebiet mit den niedersächsischen Industriegebieten, mit Magdeburg und mit Berlin. Auch wurde es möglich, die Fluss-Systeme von Rhein, Weser, Elbe und Oder miteinander zu verknüpfen.

Die Schaumburger Börde ist zu einem Land eigentümlicher Kontraste geworden. Zwischen den mittelalterlichen Hagenhufensiedlungen liegen Bergwerke und Industriebetriebe, und regional wie überregional bedeutende Verkehrswege durchziehen das Land. Einige wenige Landwirte betreiben hochmoderne Landwirtschaft auf fruchtbarsten Böden. Viele alte Hofstellen und zahlreiche neu gebaute Häuser sind nun die Wohnsitze von Pendlern, die in den Städten des Umlandes arbeiten. Landwirtschaft betreiben sie allenfalls noch am Feierabend.

Relikte des Bergbaus im Schaumburger Land sind die vielen Kummerhaufen am Südhang des Bückeberges. Jeder Haufen kennzeichnet einen ehemaligen Stolleneingang. Die Abraumhalden sind heute überwachsen und bieten mitten in der Ackerlandschaft kleine Lebensräume für Tiere und Wildpflanzen.

Die meisten Besucher der
Stadt sind amüsiert,
wenn sie erfahren, dass hinter den herrschaftlichen
Mauern des eindrucksvollen
Schlosses heute Staatsbeam-
te ihren Dienst tun. Das
Stadthäger Schloss der
Grafen und Fürsten zu
Schaumburg-Lippe ist näm-
lich ein Finanzamt. Die
Öffentlichkeit hat nicht nur
Zutritt, wenn Steuerfragen
zu klären sind, sondern
auch, wenn in einem der
alten Säle ein Konzert statt-
findet oder Theaterstücke
im sommerlichen Schlosshof
aufgeführt werden.

Christus ist auferstanden.
Die Wachen haben geschla-
fen und werden nun
erstaunt sein, das Grab leer
zu finden. Gestaunt haben
auch die Menschen, die zum
ersten Mal das Grabmal des
Fürsten Ernst in Stadthagen
gesehen haben, denn frühere
Herrschergräber stellten die
Verstorbenen selbst dar.
Und dann die Art der Dar-
stellung – diese Lebendig-
keit, dieser Detailreichtum!
Lange Zeit stand dieses
Meisterwerk der Renais-
sance fast unbeachtet im
Mausoleum hinter der Mar-
tini Kirche. Jetzt haben sich
die Stadthäger besonnen und
präsentieren stolz ihr Stück
Weltkunst. Der 1555 in den
Niederlanden geborene
Adrian de Vries, der in
Florenz, Mailand und Turin
gearbeitet hatte und schließlich am Hof Kaiser
Rudolfs II. in Prag lebte,
war einer der führenden
Bronzeplastiker seiner Zeit.
Zu seinen Auftraggebern
gehörte neben dem Fürsten
Ernst zu Holstein-Schaum-
burg auch der dänische
König Christian IV. Durch
die Wirren und Plünderun-
gen des Dreißigjährigen
Krieges wurden seine Werke
in alle Winde zerstreut und
sein Name geriet fast in Ver-
gessenheit.

In Ost-West-Richtung zieht sich seit 1916 der Mittellandkanal durch die flache Bördelandschaft des nördlichen Schaumburger Landes. Noch immer ist er eine wichtige Verkehrsader für Massengut und schwere Lasten und dazu ein reizvolles Landschaftselement mit hohem Freizeitwert. Und er weist nicht nur in Richtung Ruhrgebiet und in Richtung Berlin, sondern in viel weitere Ferne! Wenn man über eine der 23 Schaumburger Kanalbrücken fährt, hat man für einen kurzen Moment die Ahnung von Meer und Möwen, von Wind und Weite.

Der Bückeberg mit dem Harrl, seinem westlichen Ausläufer, der Deister und der Süntel sind die nördlichsten Mittelgebirgszüge Europas. Bückeberg und Harrl liegen im Zentrum des Schaumburger Landes, vom Deister (im Osten) und Süntel (im Südosten) gehören nur Teile dazu. Bückeberg und Deister sind reich an Sandstein, der Süntel ist ein Kalkgebirge. In den Bergzügen, die eigentlich aus dem Untergrund gedrückte, schräg gestellte Gesteinsschollen sind, treten an etlichen Orten Kohle- und Salzlagerstätten an die Erdoberfläche, die man an vielen Stellen ausbeuten kann. Doch der bekannteste Bodenschatz der Gegend ist der Obernkirchener Sandstein. Er wird bereits seit dem Mittelalter in großen Steinbrüchen auf dem Bückeberg abgebaut. Dieser Stein ist besonders haltbar, und man kann ihn gut bearbeiten. Daher wurde er zum typischen Baustein der ganzen Gegend. Die mittel-

alterlichen Kirchen und Klöster des Schaumburger Landes sind ebenso aus Obernkirchener Sandstein gebaut wie die berühmten Schlösser der Weserrenaissance. Stein aus Obernkirchen wurde weseraufwärts und -abwärts transportiert. In Bremen lud man ihn auf seetüchtige Schiffe. Unter dem Markennamen „Bremer Sandstein" wurde er weltbekannt. Wenn man Sandstein zermahlt, erzeugt man Sand. Sand ist ein weiterer Rohstoff, den man in Obernkirchen verarbeitete: Man brauchte ihn als Rohstoff in den Glashütten. Besonders wichtig war auch die Verfügbarkeit von Brennstoff, wenn man Glas machen wollte. In Obernkirchen nutzte man dafür nicht nur die Kohle, sondern auch das Buchenholz, das es in den Wäldern der Umgebung in großer Menge gab.

Der Name „Bückeberg" bezieht sich nämlich eigentlich darauf, dass diese Höhe mit Buchen bewachsen ist. Die Buche herrscht aber auch in den anderen Hügelländern der Gegend vor. Einige Buchen im Süntel wurden von einer genetischen Veränderung betroffen. Ihre Äste wandten sich nicht in die

Höhe, sondern dem Boden zu, außerdem waren sie drehwüchsig. Die sogenannten Süntelbuchen sind seltsam geformte Bäume. Früher hielt man sie für Hexenwerk und schlug fast alle der merkwürdigen Baumgestalten. Nur wenige blieben erhalten, so bei Hülsede am Nordhang des Süntel. Besonders schöne Süntelbuchen stehen im Bückeburger Schlosspark, im Bad Nenndorfer Kurpark und im Berggarten von Hannover.

Vom Bückeburger Schloss des Fürstenhauses Schaumburg-Lippe geht noch immer ein großer Reiz aus. Viele tausend Besucher im Jahr passieren das Schlosstor und die Schlossbrücke und lassen sich auf den Führungen durch die alten Prunksäle vom Glanz des einstigen Hoflebens verzaubern.

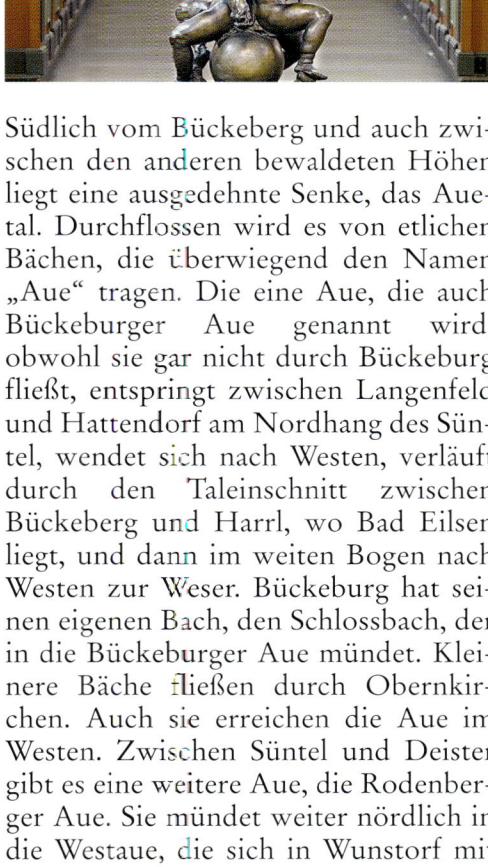

Südlich vom Bückeberg und auch zwischen den anderen bewaldeten Höhen liegt eine ausgedehnte Senke, das Auetal. Durchflossen wird es von etlichen Bächen, die überwiegend den Namen „Aue" tragen. Die eine Aue, die auch Bückeburger Aue genannt wird, obwohl sie gar nicht durch Bückeburg fließt, entspringt zwischen Langenfeld und Hattendorf am Nordhang des Süntel, wendet sich nach Westen, verläuft durch den Taleinschnitt zwischen Bückeberg und Harrl, wo Bad Eilsen liegt, und dann im weiten Bogen nach Westen zur Weser. Bückeburg hat seinen eigenen Bach, den Schlossbach, der in die Bückeburger Aue mündet. Kleinere Bäche fließen durch Obernkirchen. Auch sie erreichen die Aue im Westen. Zwischen Süntel und Deister gibt es eine weitere Aue, die Rodenberger Aue. Sie mündet weiter nördlich in die Westaue, die sich in Wunstorf mit der Südaue aus dem östlichen Deistervorland vereinigt. Die Bäche im Osten des Auetals münden in die Rodenberger Aue. Sie sind wasserreich und kön-

Die kleinen Täuflinge in der Bückeburger Stadtkirche können noch nicht ahnen, über welche Kostbarkeit man sie bei der feierlichen Zeremonie hält. Der Bildhauer Adrian de Vries, der dieses prächtige Taufbecken im Jahre 1615 schuf, war einer der bedeutendsten Künstler der Renaissance.

nen Mühlen antreiben. Etliche von ihnen liegen idyllisch und allein im Talgrund. Auch gibt oder gab es in allen Städten sowie in den Dörfern im Osten des Schaumburger Landes Wassermühlen: in Bückeburg, Bad Eilsen und Obernkirchen, bei Hülsede und Lauenau, in Apelern, Rodenberg und unterhalb von Bad Nenndorf. In einigen Orten hat man die Spuren der Mühlen beseitigt, als man repräsentative Schlossanlagen mit Parks errichtete (so in Bückeburg), in anderen entstanden anstelle von Mühlen kleine Industriebetriebe, in denen die Wasserkraft ebenfalls genutzt wurde.

Bückeburg ist die westlichste Schaumburger Stadt. Sie ist seit Jahrhunderten Residenz. Die Stadt bestand bereits im Mittelalter, richtig bedeutend wurde sie aber erst am Beginn des 17. Jahrhunderts. Damals beschlossen die Schaumburger Grafen, ihren Sitz von Stadthagen hierhin zu verlegen. Die aus dem 14. Jahrhundert stammende Wasserburg wurde umgebaut, vor allem im Inneren. Fürst Ernst ließ unter anderem den prachtvollen Goldenen Saal gestalten – mit einer aufwendigen Kassettendecke und einer Götterpforte. Der Merkur, der über der Tür schwebt, trägt die Züge des Fürsten. Die Schlosskapelle entstand in der gleichen Zeit. Im 18. Jahrhundert wurde das Schloss erneut umgebaut; Graf Wilhelm wandelte es zu einer Festung um. Dieser Graf aber machte sich auch um Kunst und Kultur in der Residenz verdient, indem er beispielsweise Johann Gottfried Herder

und Johann Friedrich Christoph Bach an seinen Hof holte. Der Große Festsaal, im Stil des Neorokoko, und weitere Teile des Schlosses in seiner heutigen Gestalt stammen aus der Zeit der Regentschaft des Fürsten Georg, aus dem ausgehenden 19. Jahrhundert. Noch später entstand das Mausoleum, nämlich erst in den Jahren 1913 bis 1915, unter dem Fürsten Adolf. Unter der Kuppel des Mausoleums befindet sich das größte Goldmosaik Europas. Fortan wurden die Schaumburg-Lipper nicht mehr in Stadthagen, sondern in Bückeburg bestattet. Am Schloss liegt ein Garten, der genauso wie das Schloss immer wieder umgestaltet wurde und in dem es eine beeindruckende Fülle an exotischen Baumriesen zu sehen gibt. In der Zeit, als Bückeburg Residenz wurde, legte Fürst Ernst einen der

Tritt man durch das Schlosstor neben der Alten Kammerkasse, dann steht man auf dem Bückeburger Marktplatz. Den Bauten der Renaissance des Fürsten Ernst vom Anfang des 17. Jahrhunderts stellten die Bürger der kleinen Stadt 1906 als Rathaus ganz selbstbewusst einen mächtigen Neorenaissancebau gegenüber.

schönsten deutschen Marktplätze an: mit dem prächtigen Gebäudeensemble aus dem Schlosstor mit der „Hofkammer" und der „Alten Kammerkasse" sowie der gegenüber liegenden Hofapotheke. Das Tor ist einem antiken Triumphbogen nachempfunden. Später, erst im 20. Jahrhundert, wurde das Rathaus gebaut, an dem nicht nur Formen der Neorenaissance, sondern auch des Jugendstils auffallen. Aus bürgerlichem Selbstbewusstsein wollte man dem Schloss etwas entgegen setzen. Ein weiteres bemerkenswertes Bückeburger

Zwar kann man vom „Jahrtausendblick" aus nicht in die Zukunft schauen, aber man hat eine herrliche Aussicht hinein ins Auetal. Und ein wenig vorausschauen kann man doch: nämlich was dort für ein Wetter heraufgezogen kommt.

Gebäude aus dem frühen 17. Jahrhundert ist die Stadtkirche mit ihrer prunkvollen Fassade, eines der frühesten Bauwerke des Barock nördlich der Alpen. In ihrem Inneren befindet sich ein Meisterwerk des Niederländers Adrian de Vries: das Taufbecken. Der Bildhauer war schon in Stadthagen für den Fürsten Ernst tätig gewesen. Werke von Adrian de Vries gibt es daher in zwei Schaumburger Residenzen zu bewundern. In Bückeburg stehen ferner schöne Fachwerkhäuser – und nicht übersehen sollte man die Bahnhofstraße zwischen Schloss und dem hübschen Residenzbahnhof, die von den Villen der Staatsbeamten gesäumt wird. Gerade diese Bauten tragen dazu bei, dass der Charakter der Residenzstadt bis heute gewahrt blieb. In Bückeburg sind bedeutende Verwaltungseinrichtungen beheimatet: der Niedersächsische Staatsgerichtshof und ein Teil des Niedersächsischen Staatsarchivs. Schaumburg-Lippe hat eine eigene Evangelisch-lutherische Landeskirche; Bückeburg ist daher auch Bischofssitz. Ein paar Kilometer östlich von Bücke-

burg liegt der Kurort Bad Eilsen. Die dort schon lange bekannten Schwefelquellen veranlassten die Fürstin Juliane am Ende des 18. Jahrhunderts, ein Schwefelbad zu gründen. Dessen Zentrum sind vielfältige Kuranlagen, vor allem Gärten und Alleen, darunter die sehenswerte Harrlallee. Seit über 200 Jahren erfreut sich der Badeort großer Beliebtheit. Zeitweilig galt er als ausgesprochen mondän.

Wer Obernkirchen besucht, dem prägt sich vor allem das Westwerk der Stiftskirche ein. Gebaut wurde es in romanischem Stil in der Zeit um 1200. Zwei spitze Turmhauben, die sich am Grund in eigentümlicher Weise berühren, sitzen darauf. Die übrigen Teile der Kirche sind ein gotischer Neubau. Sehenswert ist der Flügelaltar aus dem späten

15. Jahrhundert. Ursprünglich war die Kirche ein Teil eines Klosters, das bis heute als Evangelisches Damenstift besteht. Von dort aus wurde der Abbau des berühmten Obernkirchener Sandsteines betrieben.

Bückeburg, Bad Eilsen und Obernkirchen bilden einen Verdichtungsraum im Westen des Schaumburger Landes. Ganz anders ist der Charakter des Auetals. Dort finden sich kleinere Ortschaften. Einige davon sind Hagenhufensiedlungen, zum Beispiel Rolfshagen und Kathrinhagen. Die Hufen dieser Dörfer enden nicht an den Grenzen anderer Siedlungen, sondern ziehen sich in den Wald des Bückeberges hinein, die eine länger, die andere kürzer: Das kann man sehr gut von der Autobahn aus erkennen, am besten zur Zeit der Rapsblüte. Kathrinhagen ist das längste Dorf im Schaumburger Land. Die Höfe haben größere Abstände zueinander als in den Hagenhufensiedlungen nördlich des Bückeberges. Aus diesem Grund entstanden hier besonders große und wohlhabende Höfe. Die Katharinenkirche, die dem Ort den Namen gab, stammt aus der Zeit um 1200. Sie wurde teilweise gotisch umgebaut und im 14. Jahrhundert mit bemerkenswerten Fresken aus-

Von 1529 bis 1548 baute der Heerführer Klaus von Rottorp das Wasserschloss Hülsede mit drei Flügeln, Treppenturm, Torbau und Burggraben. Einige Bauteile, wie der Trompetergang von 1553 und die Wirtschaftsgebäude, kamen später hinzu. Fast unversehrt zeigt sich dieser Adelssitz der Renaissance als kleines Abbild der großen landesherrlichen Schlösser.

gemalt. Um ein Haar wären die kunstgeschichtlichen Kostbarkeiten im 19. Jahrhundert zerstört worden, als der Pastor für den Bau einer neuen Kirche eintrat. Doch die Gemeinde war dagegen: Sie erschien fortan nicht mehr zum Gottesdienst, und es entfiel die Notwendigkeit, eine größere Kirche zu bauen.

Im Auetal und seiner Umgebung gibt es vielerorts ebenso gute Böden wie nördlich des Bückeberges, denn der eiszeitliche Löss blieb auch zwischen den Hügelketten liegen. Vom Reichtum der Bauern zeugen nicht nur die alten Mehrständerbauten, sondern auch die so genannten „Rübenburgen" aus dem 19. und frühen 20. Jahrhundert: Die Bauern errichteten sie, nachdem sie durch den Anbau von Zuckerrüben (und die verbesserten Absatzmöglichkeiten in die Städte) reich geworden waren. Besonders viele dieser Bauten neureicher Bauern findet man in Pohle, im Osten der Senke.

Dort weitet sich die Niederung: Zwischen dem Bückeberg, dem Deister und dem Süntel liegen große Ortschaften. In den Schlössern, auch in den einzeln gelegenen Gutshöfen lebten die Adligen der Hessischen Grafschaft Schaumburg, die viel Einfluss hatten und dadurch wohl verhinderten, dass die Macht hierzulande ebenso stark zentralisiert werden konnte wie in Bückeburg.

Das Schloss in Hülsede ist ein Bau der Weserrenaissance aus dem 16. Jahrhundert. Vom Reichtum der Schlossherren

zeugen der Schlossgarten und die zahlreichen Nebengebäude, die nach und nach um das Wasserschloss herum entstanden sind. Sehenswert ist auch die Kirche aus dem 12. Jahrhundert, die im 16. Jahrhundert völlig mit Fresken ausgemalt wurde.

In Lauenau und Apelern stehen Schlösser der Familie Münchhausen. Diese Familie ist weit verzweigt, Münchhausenschlösser gibt es noch an etlichen anderen Orten in Niedersachsen. Das Münchhausenschloss von Lauenau – es ist eines von insgesamt drei Schlössern in diesem Ort – heißt auch Schloss Schwedesdorf. Dies ist der ältere Name für Lauenau. Die Schlösser in Lauenau und Apelern sind typische Bauten der Weserrenaissance. Unter anderem fallen die Treppentürme auf, die von außen an die Bauten angesetzt wurden. An den schrägen Fenstern kann man von außen erkennen, wie im Inneren die Treppen verlaufen. In Apelern gibt es auch noch ein weiteres Schloss, das Rittergut von Hammerstein, und eine bemerkenswerte mittelalterliche Kirche. Nicht zu übersehen ist der mächtige Turm aus dem 13. Jahrhundert.

Ein Blick durch das Tor auf den Gutshof ist vielleicht gestattet. Noch heute bewohnt ein Zweig der weitverbreiteten Familie von Münchhausen, zu der auch der berühmte „Lügenbaron" gehört, den alten Rittersitz in Apelern.

der Burgbefestigung wurden vor kurzem freigelegt und restauriert. Im Schutz der Burg entwickelte sich ein Städtchen. Die Handwerker, die sich dort ansiedelten, nutzten die Wasserkraft der durch die Stadt geleiteten Bäche. Ursprünglich hatte die Stadt keine Kirche. Man besuchte das mittelalterliche Gotteshaus im nahen Dorf Grove, in dem ein schöner Flügelaltar aus dem 15. Jahrhundert zu bewundern ist. Grove wurde im 19. Jahrhundert eingemeindet.

Schon etwas früher als Bad Eilsen wurde in der Hessischen Grafschaft Schaumburg ein Kurbad eröffnet. 1787 wurde unter dem Landgrafen Friedrich II. von Hessen-Cassel und seinem Sohn Wilhelm IX. Bad Nenndorf gegründet. Zuvor hatte sich ein Bauer beim Landgrafen beschwert, weil die auf seiner Wiese zutage tretende Schwefelquelle von zahlreichen Besuchern aufgesucht und zertrampelt wurde. Die Landgrafen kauften dem Bauern die Wiese ab und ließen die Quelle fassen. Keine Frage: Sie machten ein gutes Geschäft, denn Bad Nenndorf wurde bald ein beliebtes Schwefelbad. Wilhelm IX. – er war inzwischen Kurfürst geworden – ließ sich 1806 eine kleine Sommerresidenz, das „Schlösschen", errichten. Nach und nach entstanden weitläufige Kuranlagen und ein Kurpark, den der Hofgärtner Homburg nach englischen Vorbildern gestaltete. 1848 wurde eine

Im Jahre 1600 vollendete Otto von Münchhausen den Bau dieses kleinen Weserrenaissance-Schlosses mit einem für diesen Baustil typischen sechseckigen Treppenturm. Das Rittergut, das bis heute im Besitz der Freiherren von Münchhausen ist, trägt den Namen „Schwedesdorf", den ursprünglichen Namen des Ortes Lauenau.

Etwas später errichtete man Chor und Langhaus unter Verwendung der romanischen Säulen aus dem Vorgängerbau. Die Münchhausen'sche Erbbegräbnisstätte wurde zu Beginn des 17. Jahrhunderts als Anbau des Turmes errichtet. Im Zentrum von Rodenberg stand einst eine mächtige Burg, die im Mittelalter in der Niederung der Aue errichtet worden war. Zeitweise war sie die Schaumburger Residenz. Schloss und Stadt Rodenberg wurden 1859 durch ein Feuer weitgehend zerstört. Erhalten blieb nur das so genannte Ständehaus inmitten der Burganlage. Einige Reste

Vom Rodenberger Schloss ist nach Brand und Zerstörung nur noch ein einziges Gebäude, das Ständehaus, übrig geblieben, das von außen zwar wehrhaft, aber recht schmucklos aussieht. Dafür gibt es drinnen umso mehr zu sehen: Das neu gestaltete Museum zeigt interessante Themen der Stadtgeschichte und vor allem die prächtigen alten Schaumburger Trachten.

Spielbank eröffnet. Nach dem Zweiten Weltkrieg lebte die aus Königsberg stammende Dichterin Agnes Miegel in Bad Nenndorf.

Am südwestlichen Ortsrand von Bad Nenndorf kann eine merkwürdige Naturerscheinung besichtigt werden: Dort tritt in einem großen Quelltopf kalk- und schwefelhaltiges Wasser aus. Blumen, die man ins Wasser wirft, bleiben lange frisch. Kalk setzt sich ab, weil das Wasser an der Erdoberfläche abkühlt, und dieser Kalk ist inzwischen zu einem regelrechten Kraterrand herangewachsen. Daher nennt man den Ort „Kraterquelle".

Auch im Osten des Schaumburger Landes wurde früher ein bedeutender Bergbau betrieben, Spuren davon sind auch heute noch gut zu erkennen. Von Feggendorf aus führt ein gepflasterter Weg die Deisterhöhe hinauf zu einem ehe-

maligen Kohlebergwerk. In Soldorf – der Name verrät es – wurde Salz gewonnen. Ein Teil der Sole wurde nach Rodenberg geleitet und dort weiterverarbeitet.

Über den nördlichsten Zipfel des Deisters und im Auetal, am Hang des Wesergebirges entlang, verläuft seit 1936 die Autobahn. Man hätte die Autobahn sicher mit weniger Aufwand bauen können, wenn man sie neben die Eisenbahn und den Mittellandkanal ins Gebiet nördlich des Bückeberges gelegt hätte. Auch wären zahlreiche der heute häufigen Verkehrsstörungen zu vermeiden gewesen: Die Strecke im Bergland mit ihren vielen Steigungen ist viel häufiger von Eis und Schnee bedeckt als eine Straße im Vorland der Mittelgebirge. Doch in den dreißiger Jahren des 20. Jahrhunderts führte man die Strecke bewusst durchs Gebirge. Die Reise im Automobil sollte ein Erlebnis sein. Wer von Berlin ins Ruhrgebiet fuhr, sollte nicht nur durch die Ebene brausen, sondern die landschaftliche Schönheit der Mittelgebirge sehen. Das war Teil der Symbiose von Natur und Technik, die man damals anstrebte und die von

den Nationalsozialisten „Deutsche Technik" genannt wurde. Zahlreiche Brücken mussten gebaut werden, von denen einige heute unter Denkmalschutz stehen. Ohne Zweifel: Die Fahrt auf der Autobahn ist ein Erlebnis, und die landschaftlichen Schönheiten des Schaumburger Landes prägen sich dem Autofahrer ein. Doch dabei soll man auch merken: Man könnte in dieser abwechslungsreichen Gegend eine erholsame Pause machen.

„Klein Venedig" nennen die Rodenberger ein Stück der Mühlenstraße, dessen Häuser am Ufer der Aue stehen. Es sieht so aus, als wären sie direkt ins Wasser gebaut worden. Die Postkartenidylle ist perfekt, wenn die im Ufergestrüpp brütenden Enten mit ihren Jungen auf dem kleinen Fluss herumpaddeln.

An einem sonnigen Frühlingsmorgen, wenn die Magnolie auf dem Rasen vor dem Schlösschen das Erwachen des Bad Nenndorfer Kurparks aus dem Winterschlaf anzeigt, ist man gerne bereit anzuerkennen, dass die repräsentativen Bedürfnisse früherer Landesherren zwar teuer waren, aber oft zeitlos schön. Das Schlösschen, das sich der hessische Landgraf Wilhelm IX. 1806 als Sommerresidenz bauen ließ, dient auch heute noch repräsentativen Zwecken und wird für Kulturveranstaltungen und kleine Feste gerne genutzt. Ein besonderes Anliegen war dem Landesherrn der Kurpark. Wilhelm schickte seinen Hofgärtner Homburg zur Ausbildung nach England, und beim Entwurf des Parks im Stil eines englischen Landschaftsgartens legte er anschließend selbst mit Hand an. Es entstanden geschwungene Wege, begleitet von Gehölzen, die immer wieder den Blick freigeben auf weite Wiesenflächen, die mit einzelnen Baumgruppen bestanden sind. Neben heimischen Bäumen wurden auch zahlreiche fremdländische Gewächse gepflanzt.

Neben Moorpackungen, Schlammbädern und verschiedenen anderen Anwendungen bekommt man in Bad Nenndorf im Rahmen einer Heilkur auch Schwefelwasser zu trinken – riecht nach faulen Eiern, ist aber sehr gesund! „Teufelsdreck" nannten die einheimischen Bauern die übel riechenden Quellen, die am Fuße des Galenberges aus der Erde sprudelten. Nachdem ihre gute Wirkung bekannt wurde, kamen die Heilungsuchenden in Scharen. Sie würden ihm die ganze Wiese zertrampeln, beklagte sich der Eigentümer beim Landesherrn, der ihm das Gelände kurzerhand abkaufte und die Quelle fassen ließ. Das war 1787 der Anfang des Bades Nenndorf. Landgraf Friedrich II. und sein Sohn Wilhelm IX. von Hessen-Kassel bauten nun nach und nach Badeanlagen, Logierhäuser und eine hübsche Parkanlage. Über der Schwefelquelle wurde 1843 das kleine Brunnentempelchen errichtet. Hier schenkten Frauen in Schaumburger Tracht Schwefelwasser an die Kurgäste aus.

Das Bückeburger Schloss hat eine wechselvolle Geschichte, die sich auch an seinem Äußeren ablesen lässt. Die sichtbaren Architekturmerkmale reichen von mittelalterlicher Burgenarchitektur über die Weserrenaissance bis hin zu Formen des Barock und des Historismus. Aus der Wasserburg des 14. Jahrhunderts entstand unter Graf Otto IV. ein Renaissancebau. Die Hauptfassade mit barocken Elementen entstand im 18. Jahrhundert. Von der Parkseite aus blickt man nun auf ein mächtiges Weserrenaissance-Schloss, vom Tor aus über die Brücke geht man auf einen Barockbau zu. Zwischen diesen Baustilen vermitteln die beiden historistischen Kavaliershäuser vom Ende des 19. Jahrhunderts. Sie unterstreichen die barocke Symmetrie und Verspieltheit der Anlage, greifen aber auch die älteren Renaissanceformen auf.

Die Bückeburger Schloss-
kapelle ist ein Meisterwerk
der Frührenaissance in
Norddeutschland. Die blatt-
vergoldeten Holzdekoratio-
nen, besonders die Kanzel-
wand mit dem von zwei
Engeln getragenen Tisch-
altar, tauchen den Raum in
einen warmen Glanz. Trotz-
dem läuft vielen Besuchern
ein kalter Schauer über den
Rücken, wenn sie im Rah-
men der Schlossführung
hören, dass unter den mit
goldenen Kreuzen verse-
hen Marmorplatten des
Fußbodens – also dort, wo
sie gerade gehen und stehen
– die Herzen der Verstorbenen des Hauses Schaum-
burg-Lippe begraben liegen.
Die Gebeine der Toten
ruhen in den Mausoleen
Stadthagen und Bückeburg.

Die Gründung des Bades Eilsen geht zurück auf Fürstin Juliane zu Schaumburg-Lippe, die nach dem Tod ihres Mannes, stellvertretend für den noch minderjährigen Sohn, die Regierungsgeschäfte führte. Sie ließ, nachdem die Heilkraft der Quelle wissenschaftlich belegt war, Bade- und Logierhäuser bauen und einen Park anlegen. Die feierliche Eröffnung des Bades 1802 erlebte sie nicht mehr. Dem repräsentativen Baustil der Gründungszeit blieb man 1918 treu, als das Hotel „Fürstenhof" und das Kurmittelhaus errichtet wurden. Der Blick durch die Baumkulissen des als Landschaftspark gestalteten Kurgeländes auf die klassizistischen Fassaden ist immer wieder beeindruckend und erinnert daran, dass Bad Eilsen in seiner Blütezeit eine illustre Gästeschar aus aller Welt anzog.

Wer in den Kuranlagen von Bad Eilsen seine Gesundheit fördert, wer beim Ausspannen nach den Anwendungen die Seele baumeln lässt, der kann anschließend im weitläufigen Kurpark des Ende des 18. Jahrhunderts gegründeten Bades auch seinen Geist anregen. Zum Beispiel mit Betrachtungen zur Botanik. Mehr als 100 verschiedene Baumarten säumen die geschwungenen Parkwege. Unter ihnen befinden sich zahlreiche Exoten. Die größtenteils beschilderten und inzwischen hochgewachsenen alten Bäume sind häufig in Gruppen der gleichen Art gepflanzt. Der Weg führt durch ein Platanenrondell und eine Lärchengruppe. Hinter der Tuffsteinquelle, die 1914 durch einen Säulenhalbkreis in Szene gesetzt wurde, erinnert die Krüppelwuchsform an die berühmten Süntelbuchen – *Fagus sylvatica f. suentelensis*. Nach einem kurzen Studium von Stamm und Blattform steht jedoch fest: hier handelt es sich um einen Vertreter der Gattung *Quercus* – also eine Eiche.

Wehrhaft und trutzig erhebt sich der Westturm der Klosterkirche über die alte Bergstadt Obernkirchen am Nordrand des Bückeberges. Ähnlich wie der Mindener Dom täuschen seine beiden Turmhauben eine Doppelturmanlage nur vor. Das 1167 erstmalig urkundlich erwähnte Augustiner-Nonnenkloster ist heute ein evangelisches Damenstift. Gerne zeigen die freundlichen Stiftsdamen ihren Gästen die Kirche und den Stiftsbereich mit dem romanischen Kreuzgang. Neben meisterlichen Steinmetzarbeiten bekommt man eindrucksvolle Werke sakraler Baukunst zu sehen. Über ihre klösterlichen Vorgängerinnen zur Zeit der Reformation erzählt man sich weniger freundliche Dinge. Als Lügner sollen sie die Pastoren beschimpft haben, die den Gläubigen die Lehre des Martin Luther vermittelten.

Der Ort Lauenau wurde immer wieder zwischen Welfen und Schaumburgern als Territorialherren hin- und hergerissen. Als Gegengewicht zur schaumburgischen Wasserburg Rodenberg legten die Welfen um 1200 eine Wasserburg in der Nähe des Ortes Schwedesdorf an. Sie wurde 1307 erstmals urkundlich erwähnt. Doch schon wenige Jahrzehnte später überließen die Welfen den Ort den Schaumburgern als Pfandbesitz, bis er schließlich nach dem Aussterben der Schaumburger 1635 wieder welfisch wurde. Die Wasserburg spiegelt diese wechselvolle Geschichte wider. Der heutige Ortsname Lauenau bedeutet „Gericht an der Aue" und bezeugt die damalige Funktion der Burg. Nach ihrer Zerstörung während der Hildesheimer Stiftsfehde 1519 wurde sie durch Hilmar von Münchhausen für die Schaumburger Grafen wieder aufgebaut. Bis heute hat sich die in Bruchstein und Fachwerk erbaute Vierflügelanlage der Weserrenaissance nur wenig verändert.

Dass die Weser durch das Schaumburger Land fließt, ist sozusagen ein Geschenk der Eiszeit. Bevor zum ersten Mal Eismassen aus Skandinavien nach Mitteleuropa geschoben worden waren, verlief der Fluss von Hameln durch die Deisterpforte in Richtung Hannover und von dort aus auf kürzestem Weg zum Meer. Eiszeitliche Gletscher versperrten diesen Weg, so dass sich die Weser einen neuen Lauf suchen musste: unterhalb von Süntel und Schaumburg, an Rinteln vorbei und durch die enge Porta Westfalica bei Minden, dann erst in Richtung Nordsee. Durch diesen Umweg und den Zwang, auch die Schuttmassen der Eiszeit durchqueren zu müssen, wurde der Verlauf der Weser länger, und das bedeutete: Ihr Gefälle wurde geringer, und ihre Fließgeschwindigkeit nahm ab. Ein rasch fließender Fluss kann eine Menge Sand und sogar Steine transportieren, er rundet sie ab und formt Kiesel daraus. Wenn die Fließgeschwindigkeit ab-

nimmt, reicht die Schleppkraft des Flusses nicht mehr zum Transport von Flusskieseln aus. Sie bleiben am Rand des Flussbettes liegen, zuerst die größeren und schwereren, dann die kleineren. Wenn der Fluss noch träger wird, lagert er sogar den Sand ab, den er zuvor transportiert hat. Die vom Fluss fein säuberlich sortierten Kiesel und Sande sind begehrte Baumaterialien. Im Rintelner Raum gewinnt man beiderseits der Weser Kies, weiter unterhalb Sand. Der Rohstoffabbau lässt tiefe Gruben in der Landschaft zurück. Man kann sie beispielsweise zu Badeseen umgestalten. Einer davon ist der Doktorsee unterhalb von Rinteln.

Die Strömung der Weser ist aber immer noch stark genug, um eine Gierfähre anzutreiben. Sie ist an einem Seil befestigt, das über den Fluss gespannt wurde. Der Fährmann legt das Ruder um – und schon wird die Fähre vom einen Ufer zum anderen bewegt, allein durch die Strömung des Flusses. Zurück geht es, wenn der Fährmann erneut die Stellung des Ruders ändert. Eine solche Fähre gibt es in Großenwieden. Das Faszinierende daran ist, dass man zum

Betrieb einer Gierfähre keinen Motor und also auch keinen Kraftstoff benötigt.

Binnenschiffe können die gesamte Weser befahren, von Hannoversch Münden aus kommen sie auf der Fulda noch bis Kassel voran. Sie können auch im Schaumburger Land anlegen: Der Weserhafen befindet sich in Rinteln. Die Weser ist auch ein fischreiches Gewässer. In den Dörfern am Fluss, zum Beispiel in Strücken, leben Fischer, die hinter ihren Häusern Netze und Reusen zum Trocknen aufspannen. Die Weidenbäume im Tal hat man bis vor kurzem sehr intensiv genutzt: Überall in den Siedlungen des Wesertales lebten Korbflechter, die ein umfangreiches

Zwischen den Weserbrücken in Rinteln und Hessisch Oldendorf kann man den Fluss bei Großenwieden noch mit einer Fähre überqueren.

Sortiment an unterschiedlichen Behältnissen herstellten. Man brauchte sie unter anderem als Transportbehälter für Glas aus Obernkirchen und Rinteln. Auf halber Wegstrecke, die von der Weser im Schaumburger Land zurückgelegt wird, kommt man nach Rinteln. Wenn man sagt, dass Rinteln an der Weser liegt, so ist das nur teilweise richtig. Sicher, die Brücken von Rinteln sind bedeutende Übergänge über den Fluss, und nur über sie kommt man vom Wesergebirge ins Lippische Bergland. Doch die Wassergräben der früheren Festung wurden vom Wasser der Exter gefüllt, und dieses Wasser trieb auch die Mühlen der Stadt an, ihr gewerbliches Zentrum. Die Exter, ein kleiner Nebenfluss der Weser, aus dem Lippischen Bergland kommend, ist also für Rinteln genauso bedeutend wie die Weser. Rinteln ist eine planmäßige Anlage, die auf den Schottern der Exter entstand. Diese Ablagerungen blieben dort liegen, wo der einmündende Fluss

seine Schleppkraft einbüßte. Die Stadt ist ziemlich genau von Süd nach Nord ausgerichtet; so ließ sich die Kirche mit ihrem nach Osten weisenden Chor bestens in den Grundriss integrieren. Wie es sich für eine Stadt am Wasser gehört, ist diese Kirche dem Heiligen Nikolaus geweiht: Unter anderem war er der Patron der Schiffsleute. Sie stammt aus dem 13. und 14. Jahrhundert, der hübsche Turm bekam seine Haube aber erst am Beginn des 19. Jahrhunderts.

Der Marktkirche Sankt Nikolai schräg gegenüber steht das Rathaus. Ein Teil davon wurde bereits im 13. Jahrhundert errichtet, doch im 16. Jahrhundert wurde es grundlegend umgestaltet und erweitert. Nun wurde Rintelns Rathaus zu einem Musterbeispiel für die Weserrenaissance. Man erkennt als typische Eigenheiten die bogenförmigen „Welschen Giebel" mit Kugelaufsätzen, Fächerrosetten und Bossensteinen, auch Bossenquader genannt: Prachtvoll ließ sich der Obernkirchener Sandstein verzieren. Das Rathaus besitzt ferner Utluchten, die besonderen Erker der Weserrenaissancebauten. Weitere Ge-

bäude, die im gleichen Baustil errichtet wurden, findet man etwas abseits vom Marktplatz, im Osten der Stadt, am ehemaligen Münchhausen-Hof: Das nördliche Archivhäuschen ist zwar noch gotisch geprägt, ist aber auch eines der frühesten Renaissance-Gebäude. Es ist im Originalzustand erhalten, das südliche ist ein Nachbau aus dem 19. Jahrhundert, bei dem Originalteile verwendet wurden.

In Rinteln kann man ansonsten zahlreiche schöne Fachwerkhäuser bewundern. Sie wurden sowohl aus gerade gewachsenen wie krummen Eichenstämmen errichtet. An einigen Fachwerkhäusern wurden die krummen

Wie ein Lehrbuch zum Thema Weserrenaissance lässt sich die Fassade des Alten Rathauses in Rinteln mit ihren Utluchten, Bossensteinen, Voluten, Fächerrosetten und Welschen Giebeln studieren.

Stämme in voller Absicht eingebaut, dies diente wohl der Stabilisierung der Gebäude. Derartig krumm gewachsene Eichen kamen nur in Wäldern vor, die regelmäßig genutzt wurden: Krumme Stämme wuchsen aus Baumstümpfen als so genannte „Sekundärtriebe" in die Höhe. Ebenso wie an den Steinbauten der Gegend gibt es an den Fassaden zahlreiche Verzierungen zu bewundern – allerdings wurden sie aus Holz geschnitzt, ebenso wie die Sinnsprüche an den Balken.

Die Rintelner Universität, die Anfang des 17. Jahrhunderts gegründet wurde, war in einem großen Fachwerkgebäude untergebracht. Die Franzosen schlossen den Lehrbetrieb im Jahre 1810. Nach dem Abzug der Franzosen wurde die Hochschule – sehr zum Leidwesen der Rintelner – nicht wieder eröffnet. Im 19. Jahrhundert entwickelte sich

Rinteln aber zu einer bedeutenden Stadt von Industrie und Gewerbe. Auch wurde sie zu einem Bahnknotenpunkt. Von der Wesertalbahn zweigten zwei Privatbahnen ab. Die eine führt noch heute auf kurvenreicher Trasse durch das Wesergebirge nach Stadthagen. Auf der Strecke fahren allerdings nur noch Güterzüge, hin und wieder auch eine Museumsbahn. Die andere Bahn, die elektrisch betrieben wurde, führte durchs Lippische Bergland nach Barntrup. Diese Bahn, deren regulärer Betrieb eingestellt ist, beginnt heute erst südlich der Stadt. Man kann sie mit gemieteten Draisinen befahren.

Östlich des Extertals liegt der südlichste und am höchsten gelegene Schaumburger Ort: Goldbeck hat zwar einen verlockenden Namen, war aber die Siedlung armer Leute, die mit Landwirtschaft allein kein Auskommen fanden. Wie sonst auch vielerorts im lippischen Umland mussten sie die Leinenweberei als Nebenerwerb betreiben. Goldbecker Tuch war weithin bekannt. Am Südrand des Wesertals liegen Exten und Möllenbeck. In Exten steht ein bemerkenswertes Gutshaus mit einem

noch bemerkenswerteren Garten. Darin wachsen zahlreiche prachtvolle Bäume. 1810 baute man sogar eine Orangerie, in der kälteempfindliche Gewächse den Winter über aufbewahrt wurden. Im Sommer konnten sie draußen stehen und einen Hauch von sonnigem Süden verbreiten. Die Orangerie wird heute nicht mehr als solche, sondern als Wohnhaus genutzt. Exten erhielt seinen Ortsnamen von dem Flüsschen Exter, das den Ort mit starkem Gefälle durchfließt. Die Kraft des Wassers wird seit langer Zeit genutzt: Von den beiden Eisenhämmern ist der eine noch in Betrieb, und man kann sich dort zeigen lassen, wie man mit Hilfe

Zum Feierabend wird der alte Marktplatz von Rinteln zum beschaulichen Ziel für einen Abendbummel und ein Gläschen im Freien.

eines niedersausenden Hammers aus glühendem Eisen einen Spaten herstellt. Die Wasserkraft wird seit über 100 Jahren auch zur Gewinnung von elektrischem Strom genutzt: Exten wird daher zum Teil auf umweltfreundliche Weise mit Energie versorgt.

Von Exten (oder auch von Rinteln) gelangt man weserabwärts nach Möllenbeck, kann aber auf dem Weg dorthin noch etwas Interessantes sehen. Dort liegt die Kolonie Hessendorf. Sie wurde bald nach der Teilung Schaumburgs gegründet und nach der damals neuen Landesherrschaft benannt. Hessendorf ist eine Mustersiedlung: Flüchtlinge wurden in Anwesen angesiedelt, die alle über eigene Verbindungswege von der Hauptstraße aus zu erreichen sind.

In Möllenbeck steht die älteste Kirche des Schaumburger Landes, die auch eine der ältesten Kirchen Norddeutschlands ist: Schon im Jahre 896 wurde das Kloster gegründet. Wenig später wurden die beiden charakteristischen Rundtürme errichtet. Erinnern sie nicht ein wenig an die zur gleichen Zeit gebauten Rundtürme Irlands? Von der Grünen Insel kamen im frühen Mittelalter Missionare nach Mitteleuropa, und vielleicht zeugen die hier wie dort gebauten Türme von Kontakten, die im hohen Mittelalter noch immer bestanden haben mögen. Die weiteren Teile des Klosters stammen aus dem späten Mittelalter, sie sind in gotischem Stil gebaut. Das Kloster Möllenbeck gehört in eine ganze Kette von Klöstern an der Weser: Nur einige Kilometer flussaufwärts liegt das nächste sehenswerte Kloster Schaumburgs, Fischbeck, heute im Landkreis Hameln gelegen. Oberhalb des Klosters Möllenbeck verdient eine weitere Attraktion einen Besuch: der Findlingsgarten mit beachtlichen Zeugen der Eiszeit, die in Gletschern aus Skandinavien ins Schaumburger Land gekommen waren.

Was wäre das Wesertal, was wäre das Schaumburger Land ohne die aussichtsreichen Höhen, von denen aus man das Tal weit überblicken kann? Im Charak-ter sehr verschieden sind die beiden Bergzüge oberhalb der Weser. Der Süntel im Osten besteht aus Kalk. Dieser Stein erwärmt sich in der Sonne, und Wasser löst ihn auf. Es bilden sich Klüfte im Kalkstein, durch die alle Feuchtigkeit versickert. Auf dem Kalkberg ist es nicht nur warm, sondern auch trocken. Pflanzen, die an ähnlichen Stellen in Süddeutschland und in den Alpen wachsen, gedeihen daher auch auf den Felsen des Süntels, beispielsweise auf dem Hohenstein: Schlüsselblume, Blaugras und Brillenschötchen. Die Klüfte zerstören den Zusammenhalt des Gesteins, und daher bricht immer wieder einmal ein Stück Felsen vom

Durch das Tor gelangt man auf das Rittergut Exten mit seinem alten Park, in dem noch Reste barocker Gartengestaltung erkennbar sind. Das Herrenhaus ließen die Grafen von Wartensleben im spätbarocken Régencestil errichten.

Hohenstein ab. Wegen der beständigen Abtragung von Gestein fallen die Felswände der Teufelskanzel an diesem Berg senkrecht ab. Anderswo im Kalkland bilden sich Einsturztrichter, so genannte Dolinen, in denen das Wasser im Boden versinkt. Im Untergrund schafft es große Hohlräume, die Höhlen, in denen es unterirdisch verläuft. Am Rand des Berglandes tritt das Wasser dann in kräftigen Quellen wieder zum Vorschein.

Das Wesergebirge besteht zum Teil ebenfalls aus Kalkstein, zum anderen aus Sandstein. Seine Berghänge sind zwar auch steil, aber sie ragen nicht senkrecht in die Höhe. Von Buchenwäldern sind beide Gebirge bestanden, sowohl der Süntel als auch das Wesergebirge.

Mit dem unterschiedlichen Charakter der Gebirge hängt zusammen, dass man auf ganz verschiedene Weise die Aussicht auf das Wesertal wahrnimmt. Zur Teufelskanzel auf dem Hohenstein im Süntel muss man aufsteigen. Zur Schaumburg am Hang des Wesergebirges kann man mit dem Auto fahren. Oder man blickt von Todenmann, oberhalb von Rinteln, auf ein liebliches Wesertal: Unterhalb der von Buchenwald bedeckten Höhen stehen unzählige Obstbäume. Vor allem zur Zeit der Baumblüte hat man den Eindruck, in viel weiter südlichen Gefilden zu sein, wenn man am Hang des Wesergebirges spazierengeht.

Der sicher berühmteste Aussichtspunkt, von dem die gesamte Gegend ihren Namen erhielt, ist die Schaumburg. Sie ist seit dem 12. Jahrhundert als Stammsitz der Schaumburger Grafen belegt. Im Mittelalter wurde sie mehrmals umgebaut. Seit der Teilung des Landes 1640 war sie hessisch, später preußisch. Kaiser Wilhelm II. schenkte sie 1907 dem Fürsten Georg von Schaumburg-Lippe und seiner Gemahlin zur Silberhochzeit zurück. Die Schaumburger renovierten sie in den folgenden Jahren, in einer Zeit der besonderen Begeisterung für das Mittelalter, in der man mit historisierenden Formen baute. Die Schaumburg ist ebenso wie die noch weiter oben auf dem Berg liegende Paschenburg eine Gaststätte. Unterhalb der Schaumburg liegen die Domäne Coverden und ein Dorf. Heute heißt die Siedlung Schaumburg, ursprünglich hatten seine weilerartigen Teile die Namen Rosenthal und Ostendorf. Rosenthal war der Burgweiler, der für die Bediensteten der Schaumburg im späten Mittelalter gebaut worden war. Im steilen Gelände setzte man damals den Pflug ein und schuf Ackerland. Unterhalb der Schaumburg entstanden auf diese Weise so genannte Wölbäcker mit einer Erhöhung in der Mitte und seitlichen Senken. Derartige Äcker hat es auch

Rund um das Stift Fischbeck mit seiner romanischen Kirche scheint die Zeit stehen geblieben zu sein. Das Ensemble der Stiftsgebäude vermittelt noch heute eindrucksvoll das Bild eines mittelalterlichen Klosters.

anderswo gegeben, aber im steilen Gelände haben sich die Pflugspuren besonders tief in den Untergrund eingesenkt: Weit und breit sind keine beeindruckenderen Reste mittelalterlicher Feldfluren zu sehen.

An den Hängen vom Süntel und vom Wesergebirge gibt es noch zahlreiche weitere Burgen, darunter die Hünenburg oberhalb von Todenmann und die Arensburg, von der aus die Passhöhe an der Straße von Rinteln nach Obernkirchen gesichert wurde. Diese Burg wurde in die Raststätte integriert, die in den dreißiger Jahren des 20. Jahrhunderts an der Autobahn von Hannover ins Ruhrgebiet errichtet worden war.

Süntel und Weserbergland sind nicht nur beliebte Aussichtspunkte und Naturschönheiten. Auch ihre Steine werden besonders geschätzt, und daher

wurden an vielen Stellen Steinbrüche angelegt. In riesigen Löchern, beispielsweise bei Steinbergen, werden ganze Berge abgetragen. Daraus resultieren schier unlösbare Konflikte: Steine, die an den Bergen und im Flusstal abgebaut werden, braucht man unbedingt als Rohstoffe – aber zu Lasten der sehr beliebten Landschaft in der Umgebung von Rinteln darf das nicht gehen.

Oberhalb des Steinbergener Steinbruchs ist ein beeindruckender Aussichtspunkt neu entstanden: Als ein Projekt zur Weltausstellung Expo 2000 in Hannover wurde der Jahrtausendblick gebaut, eine Kanzel, die über eine lange Treppe zu erreichen ist. Vom Jahrtausendblick ist vielleicht die umfassendste Aussicht über die Schaumburger Landschaft möglich – aber vergleichbar mit den Blicken von Hohenstein und Schaumburg ist dieser Blick keineswegs. Der Jahrtausendblick gehört zum Themenpark „Steinzeichen Steinbergen", in dem man dazu angeregt wird, sich Gedanken über die Nachnutzung von Orten zu machen, in denen nach vielen Jahrhunderten der Abbau von Stein wieder aufgegeben

werden wird. Erst vor wenigen Jahren entstand also ein markanter weiterer Aussichtspunkt im Schaumburger Land. Dies gibt Anlass zu der Hoffnung, dass auch in Zukunft gute Aussichten für das Schaumburger Land bestehen werden.

Schwindelfrei sollte man sein, wenn man die 180 Stufen zur Aussichtsplattform empor steigt. Der Architekt Günter Zamp Kelp versteht sein Treppenbauwerk „Jahrtausendblick" als Himmelsleiter, als symbolische Horizontüberschreitung. Man kann das im Jahre 2000 auf dem Steinbergener Messingberg errichtete Bauwerk aber auch schlicht als Aussichtsturm nutzen.

Nur 15,425 Kilometer fließt die Weser durch das Schaumburger Land. Das klingt so, als hätte sie keine große Bedeutung. Wenn man aber bedenkt, dass der Fluss mehr ist als nur ein Wasserlauf, dass er in die ihn umgebende Landschaft gehört, die er ja selbst geformt hat, dann sieht die Sache ganz anders aus. Das Wesertal macht Schaumburg zum Teil des Weserberglandes, so wie die flache Bördelandschaft Schaumburg zum Teil der Norddeutschen Tiefebene macht. Es war ein frühes Siedlungsgebiet. Auch schon früh entdeckte man den Fluss als Transportweg. Bester Beleg für die Wichtigkeit dieser Gegend ist der Bau der Schaumburg hoch über dem Tal. Die Grafen zu Schaumburg waren dabei kaum an der schönen Landschaft und der hübschen Aussicht interessiert, sondern daran, ihr entstehendes Territorium zu schützen und zu kontrollieren.

Zu jedem Kloster gehörte früher eine Landwirtschaft – ein Bauernhof, den die Mönche anfangs selbst bewirtschafteten. Er diente der Versorgung des Klosters. Anders als die einheimischen Bauern betrieben die Mönche ihre Landwirtschaft auch zur Naturbeobachtung und als Agrarwissenschaft. Sie entwickelten neue Anbaumethoden, kultivierten Feldfrüchte und Obstsorten. Man konnte von ihnen lernen. Das Kloster Möllenbeck war nicht nur in geistlicher, sondern auch in landwirtschaftlicher Mission tätig. Als staatliche Domäne ist das Klostergut Möllenbeck heute verpachtet.

Die Felsen des Hohenstein mit der „Teufelskanzel", dem „Hirschsprung" und dem „Grünen Altar" gehören zu den schönsten Wanderzielen Niedersachsens. Der Blick von der 341 Meter hohen Felswand ist atemberaubend. Kinder sollten hier nicht aus den Augen gelassen werden, denn die Wände fallen schroff ab und sind durch keinerlei Absperrungen gesichert. Schon die frühen Bewohner des Wesertales waren von diesen Kalksteinfelsen beeindruckt. Zeichen in den Steinwänden lassen vermuten, dass sich hier eine Kultstätte befand. Heute machen sich im Sommer Kletterer auf den nicht ganz ungefährlichen Weg nach oben. Wanderer gelangen auf schattigen Waldwegen bequemer auf die Felsplateaus, von denen aus man ins Wesertal und weit hinein ins Lipper-Bergland schauen kann.

Die Burg, von der das Schaumburger Land seinen Namen erhielt, liegt hoch über dem Wesertal auf dem Nesselberg. Sie war seit Anfang des 12. Jahrhunderts Stammsitz der Grafen von Schaumburg. Von hier aus betrieben sie Kolonisation und festigten ihre Territorialherrschaft. Sie bewohnten ihren Stammsitz bis 1526. Nach dem Aussterben der Hauptlinie 1640 wurde die Schaumburg bei der Teilung der Grafschaft hessisch, später preußisch. Bis 1821 diente sie als hessischer Verwaltungssitz, dann verfiel sie. Kaiser Wilhelm II. schenkte sie 1907 dem Fürsten Georg und seiner Frau Maria Anna zur Silberhochzeit. So kam die Burg wieder in Schaumburger Besitz. Zwischen 1909 und 1913 wurde sie restauriert. Drei der ursprünglich vier Türme der mittelalterlichen Anlage blieben erhalten.

Region 1
Steinhuder Meer und Seeprovinz

Steinhuder Meer Rundweg
Der größte See Nordwestdeutschlands lässt sich auf einem etwa 30 Kilometer langen Weg umwandern oder mit dem Fahrrad umfahren. Dieser gut befestigte Weg führt durch Moor, Kiefernwälder auf sandigem Dünengrund, Wiesen und Bruchwald. Neben den landschaftlichen Schönheiten gerät dabei auch immer wieder die lebhafte Tierwelt in den Blick. Aus den verschiedensten Perspektiven sieht man mal grau, mal blau, mal moorig braun das Meer. Steinhude, das einstige Fischerdorf, ist heute das touristische Zentrum der Steinhuder Meer Region. Die Fischerei und die Verarbeitung des Fanges, besonders der Aale, zu Räucherfisch ist hier noch an vielen Stellen präsent. Der Naturpark Steinhuder Meer bietet in seinem Infozentrum Steinhude Ausstellungen, Führungen und Informationsmaterial.
Am Graben 3–4,
31515 Wunstorf-Steinhude
Tel. 05033/939-134
www.naturpark-steinhuder-meer.de

Fischer- und Webermuseum Steinhude
Das Fischer- und Webermuseum ist in einem Haus von 1850 untergebracht, dessen alte Einrichtung noch gut erkennen lässt, dass hier sowohl Fischerei, Weberei als auch bäuerliches Wirtschaften und Wohnen unter einem Dach vereint waren. Sammlungsschwerpunkt des Museums ist der historische Arbeitsalltag der Steinhuder Fischer und Leinenweber. Ein besonderes Meisterstück ist das „Hemd ohne Naht".
Neuer Winkel 8,
31515 Wunstorf-Steinhude
Tel. 05033/5599

Steinhuder Spielzeugmuseum
Das Museum im historischen Scheunenviertel präsentiert Spielzeug aus dem 19. und 20. Jahrhundert. Ein Scheunenraum zeigt Mädchenspielzeug: Puppen, Puppenhäuser und Puppenküchen, auch Spielzeugläden und Stofftiere. Als typisches Jungenspielzeug sieht man Dampfmaschinen, Eisenbahnen, Flugzeuge, Schiffe, Holz-, Stein- und Metallbaukästen, Militärspielzeug, Laterna Magica und Papiertheater. Jährlich wechselnd werden Sonderausstellungen gezeigt.
Im Scheunenviertel, Meerstr. 19,
31515 Wunstorf-Steinhude
Tel. 05033/939207

Inselfestung Wilhelmstein im Steinhuder Meer
Graf Wilhelm war ein großer Landesherr mit einem kleinen Land. Eine seiner kühnen Ideen war die Anlage einer damals uneinnehmbaren Festung mitten im Steinhuder Meer, die heute ein beliebtes Ausflugsziel ist. Die künstliche Insel, die mit offenen „Auswandererbooten" angefahren wird, lädt zu einem Rundgang im Schatten alter Bäume oder zu einer Besichtigung des kleinen Militärmuseums ein.
Tourist-Information Steinhude
Meerstr. 2, 31515 Wunstorf-Steinhude
Tel. 05033/95010

Schloss Hagenburg
Die 1378 erstmals erwähnte Hagenburg wurde als Wasserburg angelegt und seit dem 17. Jahrhundert von den Grafen und Fürsten zu Schaumburg-Lippe als Sommerresidenz genutzt. Das heutige Schloss besteht aus einem 1686 gebauten Fachwerk-Südflügel und einem Ostflügel, der Ende des 18. Jahrhunderts als klassizistischer Massivbau mit Freitreppe und Säulenportikus errichtet wurde. Umgeben ist das Schloss von einem Landschaftsgarten mit altem Baumbestand, darunter eine sehenswerte Rhododendron-Sumpfzypressenallee. Ein breiter Kanal mündet ins Steinhuder Meer und verbindet das Schloss mit der Inselfestung Wilhelmstein.

Findlingsgarten & Moorgarten Hagenburg
Findlinge, die steinigen Hinterlassenschaften der letzten Eiszeit, wurden vom Gletschereis über Tausende von Kilometern herbeigeschafft. Im Findlingsgarten Hagenburg sieht man eindrucksvolle Exemplare, die ihren Herkunftsorten in Skandinavien zugeordnet werden konnten.
Ein 13.000 m² großer Moorgarten führt die Besucher auf einem Lehrpfad durch die Vegetation des Moores.
www.hagenburg.de

Bergbaumuseum - Schacht Weser
Der Bergmannsverein Hagenburg betreibt mit Unterstützung der Kali & Salz AG im ehemaligen Pförtnerhaus und einem angrenzenden Schuppen auf dem Gelände des ehemaligen Schachtes Weser ein Bergbaumuseum. Hier wurden von 1910 bis 1928 Kalisalze bis in eine Tiefe von 1400 Meter abgebaut. Im Museum werden Exponate und Fotos aus dem Steinkohlenbergbau und dem Kalisalzbergbau gezeigt.
Schachtstr. 9,
31558 Hagenburg-Altenhagen
Tel. 05033/7781 oder 7310

Sigwardskirche Idensen
Vermutlich als Grablege des Mindener Bischofs Sigward wurde nach 1120 diese schlichte romanische Kirche gebaut, deren ausgereifte architektonische Gestaltung Elemente sächsischer, byzantinischer und südwestfranzösischer Baukunst aufweist. Die Kirche ist einer der bedeutendsten sakralen Kleinbauten des 12. Jahrhunderts im deutschen Sprachraum. Die 1930 freigelegten und leider sehr gefährdeten Wandmalereien sind ein seltenes Beispiel farbiger Ausgestaltung eines Kirchenraumes jener Zeit.
Brinkstr. 2, 31515 Wunstorf-Idensen
Tel. 05031/2520
www.sigwardskirche.de

Aussichtspunkt bei Bergkirchen
Einen herrlichen Blick über die Schaumburger Börde und den Mittelgebirgsrand hat man von den Rehburger Bergen zwischen Wölpinghausen und Bergkirchen. Eine kleine Anlage mit Schutzhütte und Bänken eignet sich als Picknickplatz. Sie ist nicht zu übersehen durch das große Kreuz mit einer modernen einladenden Jesus-Darstellung.

Dino-Park Münchehagen
Zum Glück nur aus Kunstharz sind die eindrucksvollen Riesenechsen aus fernen Erdzeitaltern, die überall auf dem Gelände des Dinosaurierfreilichtmuseums Münchehagen lauern. Neben der Präsentation der berühmten Saurierspuren, die 1980 auf der Solfläche eines stillgelegten Steinbruchs entdeckt wurden, kann man hier alles über Saurier bis hin zu den neuesten Ergebnissen der Saurierforschung erfahren. Es gibt Sonderausstellungen zu geologischen und paläontologischen Themen und besonders für Kinder viele museumspädagogische Angebote.
Alte Zollstr. 5,
31547 Rehburg-Loccum
Tel. 05037/2073
www.dinopark.de

Ökologische Schutzstation Steinhuder Meer
Die Naturschützer am Steinhuder Meer kümmern sich nicht nur als Wissenschaftler um Tiere und Pflanzen dieser großartigen Seelandschaft, sie lassen sich dabei auch gern über die Schulter schauen. Das Stationsgebäude mit der Besucherausstellung und einem Naturgarten befindet sich in Winzlar. Die ÖSSM veranstaltet naturkundliche Führungen unter fachkundiger Anleitung.
Hagenburger Str. 16,
31547 Rehburg-Loccum
Tel. 05037/9670
www.oessm.org

Region 2
Stadthagen und die Börde

Schloss Stadthagen
Das Schloss ist das älteste und bedeutendste Baudenkmal der Weserrenaissance in Niedersachsen und als vollständig erhaltenes Ensemble mit sechs Nebengebäuden auch eine Besonderheit unter den Schlossbauten des 16. Jahrhunderts in Deutschland. Es war bis 1607 Residenz der Schaumburger Grafen, danach Witwen- und Erbprinzensitz bis 1918. Heute arbeiten hier Finanzbeamte. Der das Schloss umgebende Park enthält einige dendrologische Raritäten. Der im 18. Jahrhunderts als Barockgarten angelegte Schloss- und heutige Stadtgarten ist in seiner Struktur noch gut erkennbar.
Tourist Information Stadthagen
Am Markt 1, 31655 Stadthagen
Tel. 05721/926070

Das Mausoleum in Stadthagen
Das große steinerne Grabdenkmal des Grafen Otto IV. in der Martini-Kirche in Stadthagen von etwa 1580 entspricht noch ganz dem Typus des mittelalterlichen Stiftergrabes. Völlig anders wirkt das Grab des Fürsten Ernst zu Holstein-Schaumburg im hinter der Kirche errichteten Mausoleum. Hier wurde nicht der Stifter verherrlicht, sondern ein religiöses Thema dargestellt. Die Figurengruppe um den auferstehenden Christus gestaltete 1620 der flämische Bildhauer Adrian de Vries. Sie ist eines der Hauptwerke dieses bedeutenden Bildhauers der späten Renaissance. Der monumentale Zentralbau wurde erst nach dem Tod seines Auftraggebers 1627 vollendet. Er ist in Deutschland ohne Parallele und steht in einer Reihe mit seinen Vorbildern, etwa dem Medici-Grab bei San Lorenzo und dem Baptisterium in Florenz.
Förderverein Erlebniswelt Renaissance in Stadthagen e.V.
Rathauspassage 2, 31655 Stadthagen
Tel. 05721/934242
www.erlebniswelt-renaissance.de

Erlebniswelt Renaissance
Die Erlebniswelt Renaissance ist ein spannendes Freizeit- und Kulturprojekt von europäischem Rang. An sieben Standorten im Weserraum wird in Schlössern, Gärten und Städten Geschichte lebendig. Spielerisch und informativ erlebt man durch modernste Ausstellungstechnik die einzigartige Aufbruchstimmung jener kunstsinnigen Epoche. Standorte im Schaumburger Land sind die Städte Bückeburg, Rinteln und Stadthagen.
Tel. 01805/013330
www.erlebniswelt-renaissance.de

Museum Amtspforte Stadthagen
In der historischen Amtspforte, die 1553 neben dem Stadttor erbaut wurde, präsentiert das Museum drei Ausstellungsschwerpunkte: einen Streifzug durch die Stadtgeschichte, das Stadthäger Wirtschaftsleben im 19. und 20. Jahrhundert und, im Zusammenhang mit dem Amt Stadthagen, die farbenprächtigen Schaumburger Trachten. Zu sehen sind auch eine Geigenbauwerkstatt und eine komplette Goldschmiede.
Obernstr. 32a, 31655 Stadthagen
Tel. 05721/924900

Museum im Alten Pfarrhaus Wiedensahl
Die heimatgeschichtliche Sammlung in einem über 400 Jahre alten Pfarr-Bauernhaus zeigt Saurier-Fußabdrücke, Mineralien, Fossilien, Tongefäße und Steingeräte aus einer nahen Cherusker-Siedlung, Haus- und Küchengeräte, Werkzeuge aus Handwerk und Landwirtschaft, Hausbalken und Dokumente. Sie illustrieren die Geschichte des Marktfleckens Wiedensahl und seiner Umgebung.
Hauptstr. 89, 31719 Wiedensahl
Tel. 05726/96916
www.heimatbund-wiedensahl.de

Wilhelm-Busch-Geburtshaus
Wilhelm Busch, Zeichner, Maler und Dichter, der „Vater" von Max und Moritz, wurde 1832 in Wiedensahl geboren. Im Geburtshaus sind die Räume seiner Kindheit zu sehen. Anhand der Biografie wird die Künstlerpersönlichkeit Wilhelm Busch in allen Facetten vorgestellt. In regelmäßigen Abständen werden Künstler eingeladen, die sich szenisch, musikalisch oder kabarettistisch mit Wilhelm Busch auseinandersetzen. Auf den Spuren Wilhelm Buschs führen Spazierwege und eine Radrundtour zu den Orten, die dem Künstler Motiv und Inspiration waren.
Hauptstr. 68a, 31719 Wiedensahl
Tel. 05726/388
www.wilhelm-busch-geburtshaus.de

Siedlung Mittelbrink
Die 1768 von Graf Wilhelm gegründete Handwerkersiedlung liegt versteckt im Schaumburger Wald. Hier lebten und arbeiteten Böttcher, Drechsler, Radmacher und mehrere Töpfer, später hauptsächlich Waldarbeiter. Statt der ursprünglichen zwölf Häuser stehen heute 20 auf etwa der gleichen Grundfläche. Die alte Siedlungsstruktur ist noch gut erkennbar.
Von Mittelbrink aus führt ein Rundweg zum Forsthaus Natenhöhe, auf dem man erleben kann, dass der Schaumburger Wald trotz intensiver forstlicher Bewirtschaftung ein vielseitiger und artenreicher Naturraum ist.

Schloss Baum im Schaumburger Wald
Als eine Art Ferienhaus für die Familie ließ Graf Wilhelm zu Schaumburg-Lippe 1761 das kleine Schloss Baum im Schaumburger Wald bauen. Auch eine Orangerie und ein Gewächshaus wur-

den errichtet und zahlreiche Skulpturen aufgestellt. Die Anlage eines symmetrischen spätbarocken Gartens war geplant, kam jedoch nicht vollständig zur Ausführung. Ab 1764 konnte die gräfliche Familie Schloss Baum intensiv als Sommersitz nutzen. Doch bereits 1767 starb nach dem einzigen Kind auch Gräfin Maria Eleonore. Graf Wilhelm ließ den beiden und auch sich selbst in der Nähe des Schlosses, versteckt im Wald gelegen, ein Mausoleum in Form einer Pyramide errichten. Ein weiteres Mausoleum im Wald wurde 1801 gebaut. In dem schlichten klassizistischen Bau ruhen die schaumburg-lippische Regentin Gräfin Juliane und ihre Mutter, Landgräfin Ulrike zu Hessen-Philippsthal.

Mittellandkanal
Der Mittellandkanal ist seit 1916 ein wichtiger Ost-West-Verkehrsweg für schwere Lasten. Die Wasserstraße verbindet die Ems und die Weser mit der Elbe. In einer riesigen Betonwanne wird der Kanal bei Minden über die Weser geführt. Das sieht man nicht alle Tage. Von der Schachtschleuse aus kann man das Wasserstraßenkreuz auf einer Bootsfahrt besichtigen.
Minden Marketing GmbH,
Tourist-Information
Domstr. 2, 32423 Minden
Tel. 0571/8290659

Lauenhäger Bauernhaus
Ein gelungenes Beispiel für die Rettung eines alten Bauernhauses, dessen Kern aus dem Jahr 1540 stammt, ist dieses von Lauenhagen nach Hülshagen versetzte und restaurierte Gebäude, das heute als ländliches Kulturzentrum genutzt wird.
Förderverein Lauenhäger Bauernhaus e.V.
Hülshagen 10, 31714 Lauenhagen
Tel. 05721/75093 und 970617
www.lauenhagen.de

Schloss Sachsenhagen
Sachsenhagen ist die kleinste Stadt des Schaumburger Landes. Schon 1248 errichtete hier Herzog Albrecht von Sachsen eine Wasserburg, die Ende des 13. Jahrhunderts an die Grafen von Schaumburg fiel. Diese bauten den Ort zu einem Gerichts- und Verwaltungssitz aus und die Burg zu einem veritablen Schloss. 1650 erhielt der Ort Stadtrechte. Von der großen Schlossanlage blieben nur einige Teile erhalten. Der Wohnturm stammt noch aus dem späten Mittelalter. Das Amtshaus wurde Ende des 16. Jahrhunderts gebaut. Vom alten Schlossturm hat man einen schönen Blick über die Schaumburger Bördelandschaft. Im Turm finden gelegentlich Veranstaltungen statt.

Rittergut Remeringhausen mit Gutspark
Das landschaftlich reizvoll am Mittelgebirgsrand gelegene Gut hat neben einem barocken Herrenhaus von 1701 auch ein Renaissancegebäude von 1594 zu bieten, mit einer für diese Zeit sehr detaillierten astronomischen Sonnenuhr. Heute kann man dort private Feste veranstalten oder das jährlich im Herbst stattfindende Romantic Garden Festival besuchen. Sehenswert ist der kleine Park, der nach altem Vorbild instand gesetzt wurde.
31655 Stadthagen
Tel. 05725/701188
www.remeringhausen.de

Bergbau-Museum „Hof Gümmer"
An vielen Stellen finden sich im Schaumburger Land noch Relikte des einstigen Steinkohlebergbaus. Das kleine Museum hält mit interessanten Exponaten und Dokumenten die Erinnerung an dieses bedeutende Stück Industriegeschichte wach. Gezeigt wird auch ein Stollennachbau. Sonderausstellungen präsentieren Themen der Lindhorster Ortsgeschichte.
Kultur-Förderverein Schaumburger Bergbau e.V.
Bahnhofstr. 37, 31698 Lindhorst
Tel. 05725/5243
www.bergbau-museums-stube.de

Kurbad Nenndorf

Landgraf Wilhelm IX. von Hessen hatte nicht nur seine Gesundheit im Sinn, als er bei der als Heilmittel erkannten Schwefelquelle 1787 das erste hölzerne Badehaus errichten ließ. Es folgten immer prächtigere Gebäude: 1791 das Haus Kassel, ein Jahr später das Landgrafenhaus, beide in eleganten klassizistischen Formen, 1806 das Schlösschen, das heute für Kulturveranstaltungen und standesamtliche Trauungen genutzt wird, und schließlich das Hotel Esplanade, das als einladendes Halbrund den ganzen Kurbereich beherrscht und eher wie ein Schloss aussieht. Die illustre Gesellschaft, die sich hier traf, wollte sich bei Musik und Tanz, beim Spiel und beim Spazieren auf den Promenaden und im großen Park vergnügen. Vom Reiz dieser Epoche kündet selbst das kleine Brunnentempelchen von 1843, in dem früher Frauen in Schaumburger Tracht Schwefelwasser an die Kurgäste ausschenkten.
Tourist Information
Hauptstr. 4, 31542 Bad Nenndorf
Tel. 05723/748560

Kurpark Bad Nenndorf

Bevor der Hofgärtner Georg Wilhelm Homburg 1807 den Nenndorfer Kurpark planen durfte, schickte ihn Landgraf Wilhelm IX. von Hessen für zwei Jahre zur Ausbildung nach England. Bis heute sieht man dem 35 Hektar großen Park im Stil eines englischen Landschaftsgartens an, dass sich die Reise gelohnt hat. Wir finden schöne Modellierungen des Geländes, elegant geschwungene Wege, begleitet von Gehölzen mit Durchblicken auf weite Wiesenflächen. Zu dem teilweise 200 Jahre alten Baumbestand gehören zahlreiche seltene Gewächse. Eine Besonderheit des Kurparks ist die Allee aus Süntelbuchen.
www.suentelbuchen.de

Agnes-Miegel-Haus

Im Haus der Dichterin Agnes Miegel (1879–1964) werden Wohn- und Arbeitszimmer und der Nachlass der Dichterin gezeigt. An jedem letzten Mittwoch im Monat findet um 15.30 Uhr eine Lesung statt.
Agnes-Miegel-Platz 3,
31542 Bad Nenndorf
Tel. 05723/917317

Der Krater bei Bad Nenndorf

In einem kleinen Bergahornwäldchen am Stadtrand befindet sich ein interessantes geologisches Gebilde: ein großer, als Naturdenkmal ausgezeichneter, mit Wasser gefüllter Tuffsteinkrater. Ein zweiter Quelltopf, der sich weiter östlich gebildet hat und aus dem das Wasser nun in einen Bach abfließt, wurde künstlich erweitert und mit einem Mauerring versehen. Die rötliche Farbe des Quell- und Bachgrundes rührt von Eisenverbindungen im Wasser her.

Region 3
Bückeburg, Bückeberg und das Auetal

Schloss Bückeburg

Ein breiter Schlossgraben umgibt die 1304 erstmals erwähnte Anlage, die noch heute Sitz des Fürstenhauses Schaumburg-Lippe ist. Der vor 200 Jahren im englischen Landschaftsstil angelegte Park begeistert durch seinen prachtvollen alten Baumbestand. Bei einer Führung können kostbare Möbel, wertvolle Wandteppiche, Gemälde alter Meister und Jagdwaffen besichtigt werden. Höhepunkte sind der Große Festsaal, der Goldene Saal mit der berühmten Götterpforte (siehe Foto) sowie der Weiße Saal mit einer prächtigen Stuckdecke.
Schlossplatz 1, 31675 Bückeburg
Tel. 05722/5039
www.schloss-bueckeburg.de

Fürstliche Hofreitschule Bückeburg

Exponate zur Geschichte der höfischen Reiterei sind ausgestellt. Gezeigt wird u. a. Schausteigen mit Barockpferden von den Königshöfen Europas sowie die Tagesarbeit mit den Pferden im historischen Reithaus.
Schlossplatz 7b, 31675 Bückeburg
Tel. 05722/898350
www.die-hofreitschule.de

Mausoleum Bückeburg

Fürst Adolf verlagerte den Begräbnisort des Fürstenhauses Schaumburg-Lippe von Stadthagen nach Bückeburg und ließ in den Jahren 1913 bis 1915 am Rande des Schlossparks ein Mausoleum nach römischen und anderen antiken Vorbildern errichten. Eine große Freifläche steigert die Wirkung des monumentalen Kuppelbaus. Im Inneren sind kunsthandwerkliche Arbeiten des Berliner Historismus zu sehen.
Fürstliche Schlossverwaltung
Schlossplatz 1, 31675 Bückeburg
Tel. 05722/5039
www.schloss-bueckeburg.de

Stadtkirche Bückeburg

EXEMPLUM RELIGIONIS NON STRUCTURAE (Ein Zeugnis des Glaubens, nicht der Baukunst) lautet die Inschrift der Bückeburger Stadtkirche, mit der sich Fürst Ernst 1610–1615 ein persönliches Denkmal setzte. Die prunkvolle Fassade aus Obernkirchner Sandstein ist üppig mit spätmanieristischen und barocken Formen versehen und in der Straßenflucht der Langen Straße eindrucksvoll in Szene gesetzt. Auch der dreischiffige Hallenraum enthält bedeutende Kunstwerke wie das Taufbecken von Adrian de Vries von 1615 oder die Orgel vom

bekanntesten Orgelbauer seiner Zeit, Esaias Kompenius aus Wolfenbüttel. Der berühmteste Prediger dieser Kirche war Johann Gottfried Herder.
Evangelisch-Lutherische Kirchengemeinde Bückeburg
Kirchweg 2, 31675 Bückeburg
Tel. 05722/95770 und 957714

Hubschraubermuseum Bückeburg
Der Luftfahrt-Pionier Professor Heinrich Focke eröffnete 1971 in Bückeburg das erste Hubschraubermuseum der Welt. In der 2000 Quadratmeter großen Ausstellungshalle sind 40 Hub- und Tragschrauber aus West und Ost im Original zu sehen. Ergänzt durch Bilder, Modelle und Baugruppen geben sie einen umfassenden Überblick über Entwicklung und Technik des Vertikalfluges – von den Anfängen vor rund 500 Jahren bis zum heutigen Stand der Technik.
Sabléplatz, 31675 Bückeburg
Tel. 05722/5533
www.hubschraubermuseum.de

Landesmuseum für schaumburg-lippische Geschichte, Landes- und Volkskunde
Seit 1905 ist das Landesmuseum im 1564 erbauten und 1990 sanierten „Schaumburger Hof" untergebracht. Im Eingangsbereich dominiert inmitten sakraler Exponate ein Weserrenaissance-Kamin. Neben einer paläontologischen Sammlung stehen archäologische Funde. Eine große Lehrschau verdeutlicht die Vielfalt der drei Schaumburger Trachten und zeigt das mit ihrer Anfertigung befasste Handwerk: Schuhmacher, Blaudrucker, Näherin und Stickerin. Die Abteilung Geschichte ist den Regenten gewidmet. Hier ist auch das Leben und Werk der mit dem Hofe verbundenen Gelehrten, Musiker, Dichter und Schriftsteller dargestellt.
Lange Str. 22, 31675 Bückeburg
Tel. 05722/4868
www.Schaumburg-Lippischer-Heimatverein.de

Besucherbergwerk Kleinenbremen
Neben dem Museum für Bergbau und Erdgeschichte und dem Bergbau-Schaupfad wird eine Einfahrt in das Innere des Wesergebirges geboten. Es ist spannend, mit der kleinen Elektrobahn durch die zahlreichen Stollen in die Tiefe des Berges vorzudringen, zu mächtigen Hallen, unterirdischen Seen und bizarren Gesteinsformationen. Das Bergbaumuseum zeigt auf 700 Quadratmetern alte Bergbau-, Vermessungs- und Rettungsgeräte, aber auch die schmucke Festtags- und die derbe Arbeitskleidung der Bergleute. Besonders lehrreich sind die erdgeschichtlichen Darstellungen.
Poststr. 48, 32423 Minden
Tel. 0571/9344438
www.bergwerk-kleinenbremen.de

Kurpark Bad Eilsen
Der Kurpark von Bad Eilsen wurde seit der Gründung des Bades durch die Fürstin Juliane im Jahre 1802 schrittweise gestaltet und erweitert. Zu sehen sind eine Tuffsteinquelle, die von einem Säulenhalbkreis betont und von Pyramideneichen eingerahmt wird, ein Konzertgarten mit Musikmuschel, ein umfangreiches Rosarium, Wasserbecken und Blumenrabatten. An diesen regelmäßig gestalteten Bereich schließen sich weite Rasenflächen an mit Wegen unter prachtvollen Bäumen, die häufig in Gruppen der gleichen Art gepflanzt sind und unter denen zahlreiche Exoten zu finden sind.
Vom Park aus führen Wanderwege in den Harrl hinauf zum Idaturm, der 1846 gebaut und nach der Fürstin Ida benannt wurde.
Tourist Information Bad Eilsen
Haus des Gastes, Bückebergstr. 2, 31707 Bad Eilsen
Tel. 05722/88650

Heimatmuseum Bad Eilsen
Gezeigt werden in dem kleinen Museum die Ortsgeschichte, die Geologie der Gegend und alte Schaumburger Trachten.
Tourist Information Bad Eilsen
Haus des Gastes, Bückebergstr. 2, 31707 Bad Eilsen
Tel. 05722/88650

Stift Obernkirchen
Das Stift, 1167 als Augustiner-Nonnenkloster erstmals urkundlich erwähnt und bis heute Ev. Damenstift, ist vermutlich noch älter. Geistliches Zentrum des Klosters war und ist die Stiftskirche, deren erhöhter Nonnenchor (Stiftsprieche) bis heute ausschließlich vom Stift aus zugänglich ist. Die heutige gotische Hallenkirche ist als Primatskirche dem Dom von Minden nachempfunden. Die vielgestaltigen malerischen Stiftsgebäude des 16. bis 18. Jahrhunderts umstehen den in seinen Ursprüngen noch romanischen Kreuzgang. Kirche und Stiftsbereich zeigen neben meisterlich ausgeführten Steinmetzarbeiten eindrucksvolle Werke sakraler Kirchenkunst.
Bergamtstr. 12, 31683 Obernkirchen
Tel. 05724/8450

Berg- und Stadtmuseum Oberkirchen
500 Jahre Bergbau auf Steinkohle und die 200-jährige Tradition als Glashüttenstandort sind die zentralen Themen des Museums. Die unglaubliche Karriere des Obernkirchener Sandsteins als bevorzugtes Baumaterial der Renaissance ist ein weiterer Schwerpunkt. Lebendig wird die wechselreiche Geschichte der Stadt und ihrer Bewohner beim Blick in die vollständig erhaltene privilegierte Apotheke Pape oder beim Gang durch die Räume einer Bergmannswohnung aus dem späten 19. Jahrhundert.
Am Kirchplatz 5, 31683 Obernkirchen
Tel. 05724/39559

Skulpturenweg Obernkirchen
Beim alle drei Jahre stattfindenden internationalen Bildhauersymposium auf dem Kirchplatz entstehen immer auch ein paar Skulpturen zur Verschönerung des Stadtbildes. Ein daraus konzipierter Skulpturenweg zeigt nicht nur Kunst, sondern führt auch an die schönsten Plätze der alten Bergstadt.
Tourist-Information
Marktplatz 4, 31683 Obernkirchen
Tel. 05724/39533

Freilichtmuseum Schloss Rodenberg
Als Wasserburg gebaut, bestand das Rodenberger Schloss bis zum Großfeuer von 1859, das Schloss und Stadt in Schutt und Asche legte, aus einer viereckigen Burganlage mit zahlreichen Nebengebäuden. Übrig blieb nur das Ständehaus, ein zweigeschossiger Saalbau des Hauptflügels, mit mittelalterlichem Kern. Um 1500 umgab Graf Anton von Schaumburg die Burg mit einem mächtigen Erdwall, einem Außengraben und mehreren runden Artillerietürmen, um sie gegen die damaligen Angriffswaffen wehrhaft zu machen. Von dieser Befestigung und einer nach 1600 gebauten sechseckigen Bastei sind noch ansehnliche Reste vorhanden.
Tel. 05723/748618
www.schlossrodenberg.de

Heimatmuseum Rodenberg
Das Museum im Ständehaus der ehemaligen Burganlage Rodenberg zeigt Themen der Stadtgeschichte, Schaumburger Trachten des Österten Gebietes im Zusammenhang mit Textilherstellung und Pflege sowie bäuerliches Handwerk und Hausrat. Beachtenswert sind die Exponate zu den Biographien der in Rodenberg geborenen und aufgewachsenen Persönlichkeiten Julius Rodenberg (1831–1914, Schriftsteller und Literat) und Wilhelm Zahn (1800–1871, Maler und Altertumskundler).
Burgstr., 31552 Rodenberg
Tel. 05723/6161

Rodenberger Windmühle
Auf einem Hügel über der Stadt, wo der Wind gut weht, steht die alte Rodenberger Mühle. Auch ohne Fernglas hat man von hier eine gute Sicht über die kleine Stadt, hin zum nahen Deister und weit hinein ins Auetal. Die 1850 gebaute Holländer Windmühle war damals auf dem neuesten Stand der Technik. 1916 wurde der Mühlenbetrieb eingestellt. Seit 1977 bemüht sich eine Interessengemeinschaft um den Erhalt des Rodenberger Wahrzeichens.

Wasserburg Lauenau
Der Name Lauenau bedeutet „Gericht an der Aue" und bezeugt die Funktion der Anlage, die um 1200 als welfische Wasserburg von Heinrich dem Löwen erbaut wurde. Seit dem Wiederaufbau nach einer Zerstörung während der Hildesheimer Stiftsfehde 1519 hat sich die in Bruchstein und Fachwerk gebaute Vierflügelanlage der Weserrenaissance wenig verändert. Anfang des 16. Jahrhunderts war Lauenau ein Flecken mit Markt-, Gerichts- und Braurechten und entwickelte sich langsam zu einer Gemeinde mit städtischer Verfassung. Die Rittergüter Schwedesdorf und von Meysenbug zeugen von der früheren Bedeutung des Ortes. Lauenau war ein Zentrum der Möbelindustrie. Reste des letzten Möbelwerkes werden heute für kulturelle Zwecke genutzt.

Heimatmuseum Lauenau
Das Heimatmuseum des Fleckens Lauenau präsentiert im Gesindehaus, das Otto von Münchhausen 1832 für seine Tagelöhner erbauen ließ, die Geschichte des vormaligen Amtes Lauenau und der Bunten Gilde Lauenau – einem Zusammenschluss verschiedener Handwerkszünfte. Zu sehen sind viele Originalgegenstände zu den Themen Post, Eisenbahn und Deisterbergbau.
Am Rundteil 11, 31867 Lauenau
Tel. 05043/1328

Heimatmuseum Auetal in Hattendorf
Das Museum in der ehemaligen Volksschule Hattendorf präsentiert in zwölf Räumen ländliches Leben und Handwerk. Eine bäuerliche Wohnstube und Küche, ein ehemaliger Schulklassenraum, eine Spinnstube, eine Sattlerei sowie eine Schuhmacher-, Stellmacher- und Schneiderwerkstatt zeigen, wie man früher hier lebte und arbeitete. Außerdem ist dort eine umfangreiche Sammlung alter Fotos aus den 16 Ortsteilen der Gemeinde Auetal ausgestellt. In einem Nebengebäude ist eine intakte Schmiede aufgebaut.
Langenfelder Str. 47, 31749 Auetal
Tel. 05752/350 oder 485 oder 595
www.heimatmuseum-auetal.de

Schillathöhle bei Langenfeld
Das Wesergebirge und der Süntel sind durchzogen von einem weitreichenden Höhlensystem. Die im Süntel liegende Schillathöhle im Riesenberg ist vor allem für geologisch interessierte Besucher ein lohnendes Ausflugsziel. Die 160 Meter lange und lediglich 50 bis 80 Zentimeter hohe Tropfsteinhöhle befindet sich 45 Meter unter der Erdoberfläche. Sie ist mit Hilfe eines Fahrstuhls zugänglich. Auf dem Weg durch die knapp 200 Meter lange Schauhöhle geben sachkundige Führer Informationen zur Höhlen- und Tropfsteinentstehung.
Tourist Information
Marktplatz 13,
31840 Hessisch-Oldendorf
Tel. 05152/782164
www.schillathoehle.de

Region 4
Rinteln und das Wesertal

Festung Rinteln

Rinteln, die ehemalige Universitäts- und Festungsstadt, entstand nach 1230 als planmäßige Anlage im Auftrag des Grafen Adolf IV. von Schaumburg. Durch die günstige Lage an einer Handelsstraße und am Fluss und durch das Messeprivileg wurde Rinteln schnell zu einem zentralen Handelsplatz der Region. Obwohl die ab 1665 von den hessischen Landgrafen gebauten Festungsanlagen auf Befehl Napoleons nach 1806 geschleift wurden, prägen ihre Reste bis heute das Stadtbild. Sehenswert sind die durch Schnitzereien verzierten Wohn- und Geschäftshäuser der wohlhabenden Kaufleute am Marktplatz, das Alte Rathaus mit der Weserrenaissance-Fassade, Archivhäuschen am Adelshof von Münchhausen und viele weitere historische Gebäude. Rinteln gehört zur Erlebniswelt Renaissance.
Tourist Information Rinteln
Marktplatz 7, 31737 Rinteln
Tel. 05751/403980
www.rinteln.de

Die Eulenburg – Museum Rinteln

Das Rintelner Museum ging aus einer Altertümersammlung des 19. Jahrhunderts hervor und wurde im Jahr 2000 völlig neu gestaltet. Es präsentiert in fünf interessanten Abteilungen die Themen Stadt und Festung Rinteln, Universitätsgeschichte, Hexenverfolgung in Schaumburg, Archäologie sowie Weser. Im umfangreichen Museumsprogramm finden sich Sonderausstellungen, Vorträge, Musikveranstaltungen und museumspädagogische Angebote.
Klosterstr. 21, 31737 Rinteln
Tel. 05751/41197
www.eulenburg-museum.de

Klippenturm

Der 20 Meter hohe Aussichtsturm oberhalb von Rinteln wurde 1889 vom Verschönerungsverein mit Geld aus einer Lotterie auf der 300 Meter üNN liegenden Luhdener Klippe errichtet. Er bietet einen der schönsten Rundblicke im Wesertal.

Erholungsgebiet Doktorsee

Sport, Spiel und Spaß bietet der Doktorsee bei Rinteln nicht nur seinen Camping-Dauergästen. Tagesbesucher können hier in der ruhigen Landschaft der Weseraue baden, surfen und „die Beine baumeln" lassen.
Am Doktorsee 8, 31737 Rinteln
Tel. 05751/964860
www.doktorsee.de

Draisinen-Fahrten

Ein Schienenspaß nicht nur für Eisenbahn-Nostalgiker sind die Draisinenfahrten auf den Gleisen der alten Extertalbahn. Mit Pedalantrieb radelt man durch eine herrliche Landschaft von Rinteln bis in das Extertal und zurück.
Pro Rinteln e.V.
Marktplatz 8, 31737 Rinteln
Tel. 05751/403988
www.draisinen.de

Kloster Möllenbeck

Kloster Möllenbeck gehört zu den ältesten Klöstern der Region. Es wurde 896 als Benediktinerinnenstift gegründet. Die Klosteranlage mit der spätgotischen Stiftskirche und zwei noch vom Vorgängerbau erhalten gebliebenen ottonischen Rundtürmen ist eine der umfangsreichsten und am besten erhaltenen Klosteranlagen des ausgehenden Mittelalters in Deutschland.
Ev.-ref. Kirche Möllenbeck
Lemgoer Str. 10, 31737 Rinteln
Tel. 05751/2992
www.moellenbeck.de

Findlingsgarten Möllenbeck

Der Findlingsgarten auf dem Kahlenberg ist lohnendes Ziel für einen kurzen Spaziergang (circa 400 Meter) aus dem Ort heraus. Schautafeln informieren über Herkunft und Zusammensetzung der 32 ausgestellten Steine sowie den Verlauf der Eiszeiten. Außerdem bietet die kleine Anlage einen herrlichen Panoramablick über den Ort Möllenbeck, das Kloster und das Wesertal.
www.findlingsgarten-moellenbeck.de

Ludwigsturm in Wennenkamp

Die Holzkonstruktion des Ludwigsturmes wurde 1975 auf 340 Metern errichtet. Über den Wipfeln der Bäume hat man einen grandiosen Rundblick. Sehr gut kann man anhand markanter Punkte den Lauf der Weser verfolgen. Im Nordwesten ist über Rinteln hinweg die Porta Westfalica zu sehen mit dem 88 Meter hohen Kuppelbau des Kaiser-Wilhelm-Denkmals.

Unterer Eisenhammer in Exten

Die schnell fließende Exter als Energiequelle begünstigte Anfang des 19. Jahrhunderts die Ansiedlung von Dutzenden vorindustriellen Kleinbetrieben. Der Untere Eisenhammer ist der letzte derartige Handwerksbetrieb in Norddeutschland, der noch arbeitet. Seit 1949 wird die Wasserkraft mittels einer Turbine genutzt. Im Inneren des 1900 erbauten Gebäudes sind noch Maschinen des 19. und frühen 20. Jahrhunderts im Einsatz, zum Beispiel eine große französische Hammeranlage, die als Kriegsbeute aus dem Ersten Weltkrieg nach Exten kam.

Heimatmuseum Exten

Das kleine Museum zeigt Ausstellungsstücke aus der früheren Landwirtschaft, dem ländlichen Handwerk, besonders der hier sehr intensiv betriebenen Korbmacherei. Ein großes Dorfarchiv mit vielen Fotos und Schriftstücken dokumentiert die Geschichte und Entwicklung des Ortes.
Am Anger 2, 31737 Rinteln-Exten
Tel. 05751/2391

Erlebniswelt Steinzeichen Steinbergen
In unmittelbarer Nachbarschaft zu einem noch in Betrieb befindlichen Steinbruch wird man auf einem Rundweg über das 16 Hektar große Parkgelände in vielfältiger und interessanter Weise über Gesteine, Mineralien und weitere naturwissenschaftliche Themenbereiche informiert. Zu den Attraktionen zählen der „Garten der Nationen", ein Medien-Tunnel, das „Haus der Religionen" sowie das „Haus der Mineralien". Ein Höhepunkt des Rundganges ist sicherlich der „Jahrtausendblick" (siehe Bild oben). Das Treppenbauwerk, das zur Expo 2000 errichtet wurde, bietet von seiner Aussichtsplattform in schwindelerregender Höhe eine weite Sicht in alle Himmelsrichtungen.
Arensburger Str. 4, 31737 Rinteln
Tel. 05751/917590
www.steinzeichen.de

Garten der geliebten Steine bei der Paschenburg
Der „Garten der geliebten Steine" ist eine 1998 eingerichtete Künstlerwerkstatt mit angrenzender Ausstellungsfläche, die in einer alten Remise betrieben wird. Peter Lechelt ist Bildhauer und vereinigt hier auf eindrucksvolle Weise die Elemente Garten, Stein und Liebe. Wandergesellen, Steinmetze, Bildhauer und Künstler aller Schaffensrichtungen aus ganz Europa kommen hierher, verweilen einige Zeit, tauschen sich aus und erstellen Skulpturen sowie andere kunstvolle Gegenstände, die anschließend auf einer Waldwiese unter alten Obstbäumen ausgestellt und auch zum Verkauf angeboten werden.
Paschenburg, 31737 Rinteln
Tel. 05152/954611
www.gartendergeliebtensteine.de

Die Schaumburg
Die für das Schaumburger Land namensgebende Burg, erstmals 1110 erwähnt, liegt auf dem Nesselberg und beherrscht weithin das Wesertal. Die Schaumburger Grafen bewohnten ihren Stammsitz nur bis 1526. Die verfallene Burg wurde 1909 in Teilen restauriert. Von der mittelalterlichen Anlage sind drei der ursprünglich vier Türme erhalten. Der dem Wesertal zugewandte ehemalige Pallas entstand im späten 16. Jahrhundert und zeigt eine ungewöhnlich feine Fassadendekoration.

Hohenstein
Weithin sichtbar erhebt sich die Felswand des Hohenstein über das Wesertal. Dieses kleine Stück Hochgebirge haben auch einige seltene Pflanzen wie das Brillenschötchen entdeckt, die sonst nur in den Alpen wachsen. Auch Bergsteiger sieht man die schroffen Felsen erklimmen. Das ist aber nicht ungefährlich, und es gibt bequemere Wege, um von dort oben den Blick über das Wesertal zu genießen.

Stift Fischbeck
Der Legende nach entstand das Stift Fischbeck als Dank für eine himmlische Fügung. Die Geschichte der Gründerin Helmburgis erzählt der berühmte Fischbecker Wandteppich. Tatsache ist, dass die Gründung des Stiftes im Jahr 955 durch König Otto I. bestätigt wurde. Der Bau in seiner heutigen Gestalt entstand im 12./13. Jahrhundert, jedoch finden sich auch Baumerkmale und Ausstattungsstücke aus anderen Epochen. Im Abteigarten wurde ein Kräutergarten nach mittelalterlichem Vorbild angelegt. An jedem zweiten Sonntag im Monat findet in der Kirche, immer um 17 Uhr, ein Konzert statt.
Tel. 05152/8603
www.stift-fischbeck.de

Schaumburger Landschaft
Die Schaumburger Landschaft ist Ansprechpartner für alle kulturellen Fragen und Anliegen. Für den interessierten Kulturtouristen hat sie zwei Reiseführer herausgegeben, mit deren Hilfe man das Schaumburger Land per Auto, Fahrrad oder auch zu Fuß erkunden kann.
Kulturpfad Schaumburg,
ISBN 3-7842-0599-2
Naturpfad Schaumburg,
ISBN 3-934920-50-0
Schlossplatz 5, 31675 Bückeburg
Tel. 05722/95660
www.schaumburgerlandschaft.de

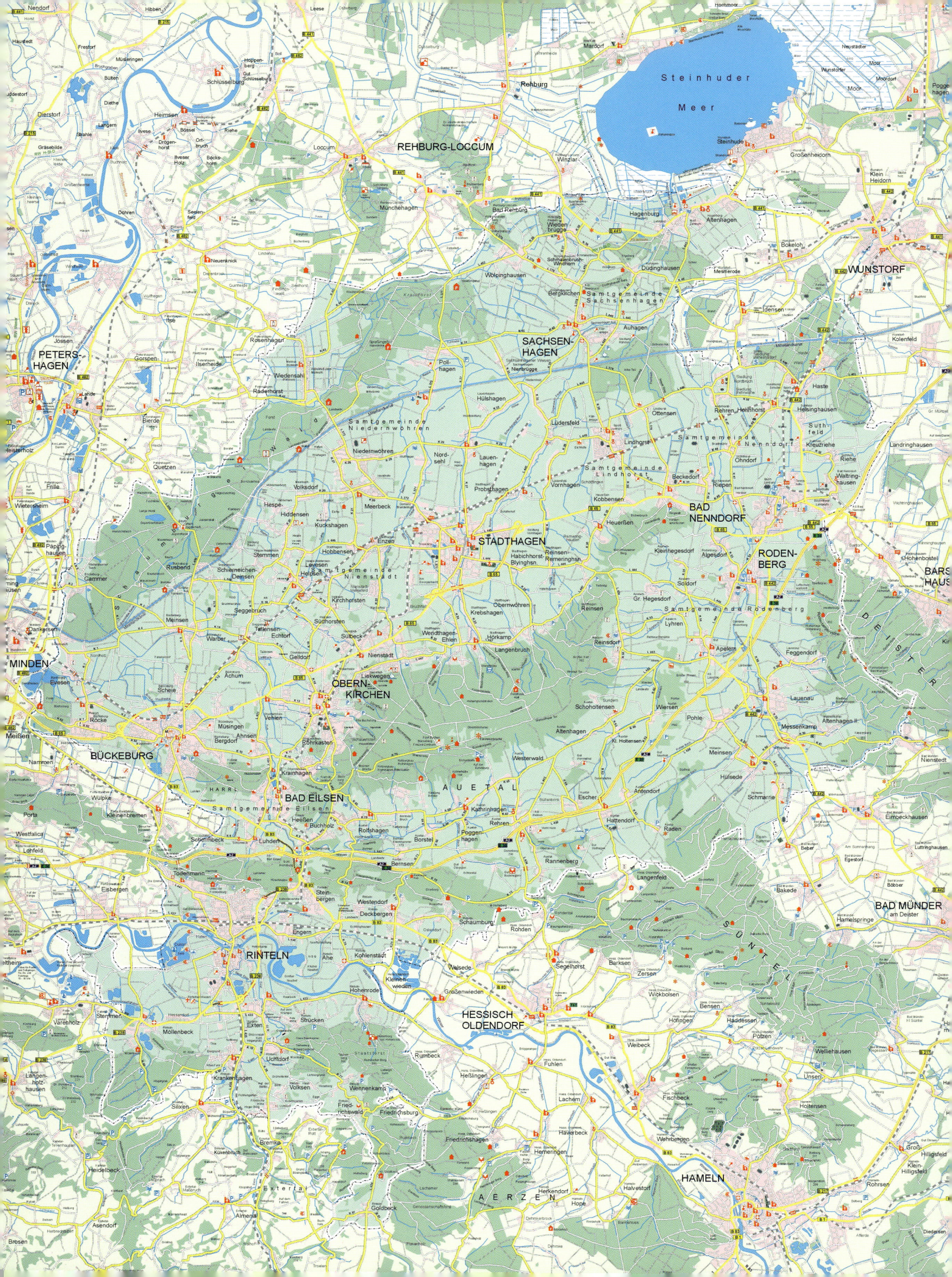